TASCHEN-LEXIKON DER ANGST

Taschenlexikon der Angst

Wenn es mir nur gruselte ...
Dies ist die Geschichte von drei Professoren (Fons Hickmann, Henning Wagenbreth und Georg Barber) und 45 Studierenden aus Berlin (Universität der Künste) und Halle (Burg Giebichenstein), die auszogen, das Fürchten zu lernen.

Fünf Tage und Nächte verbrachten sie in einem alten Gutshaus inmitten ausgedehnter Wälder auf der Suche nach real existierenden und frei erfundenen Ängsten, die sie lexikalisch definierten – oft mit einer Prise Humor gewürzt – und sie in Form ausdrucksstarker Illustrationen aus dem Dunkel der Emotionen ans Licht der visuellen Auseinandersetzung zerrten.

Ängste sind so individuell wie Menschen. Sie beziehen sich auf Menschen und Tiere, Gegenstände und Ereignisse, Reales und Phantastisches. Sie treten gehäuft auf oder ganz selten.

205 Ängste von A bis Z finden Sie in diesem kleinen – selbst ganz und gar nicht furchterregenden Büchlein. Und egal, ob Sie eher unter Montag-Morgen-Verzweiflung leiden oder unter Proxivitriumphobie, egal, ob Ihnen die Außenwelt oder die Zwitscherschrecke Angst einjagt, dieses Büchlein beweist: Sie sind nicht allein.

Und nach 84 dicht gefüllten Seiten kann Ihnen keine Angst so schnell mehr Angst einjagen, außer vielleicht der Sorge, nicht so kraftvoll zeichnen zu können wie die Studierenden aus Berlin und Halle ...

H

Haare_Jolanda Buck
Hai_Susanne Vetter
Hannibal_Benjamin Courtault
Hitchcock, Alfred_Mona Peters
Hominophobie_Janine Voegele

I

Igor_Matti Gajek
Ikone_Christoph Vieweg
Iltis_Susanne Vetter
Indiana_Matti Gajek
Insectophobie_Jeong Hwa Min
Isolophobie_Janine Voegele
Ityphallophobie_Ulrike Zöllner & Cathrine Mason

J

Jagd_Jolanda Buck
Jahrmarkt_Franka Eckart
Jalousiephobie_Martin Wecke
Judenfeindlichkeit_Cathrine Mason
Justiziphobia_Daniela Fetz

K

Kaktus_Jeong Hwa Min
Kaktuswald_Benjamin Courtault
Kälte_Julia Weller
Kampfhahn_Jeong Hwa Min
Kanzlerin_Marc Hennes
Kartoffelsprosse_Jeong Hwa Min
Katze_Jeong Hwa Min
Katzenphobie_Marc Hennes
Kette_Jeong Hwa Min
Klaustrophobie_Teresa Besser
Knödel_Benjamin Courtault
Kosmikophobie_Janine Voegele
Kroktusphobie_Carla Streckwall
Ku Klux Klan_Inga Langkay
Künstler_Alexander Schmidt

L

Langtüttin_Teresa Besser
Leere Klopapierrolle_Tobias Jacob
Legophobie_Carla Streckwall
Lochiophobie_Susanne Vetter
Lolliphobie_Carla Streckwall
Loslassen_Julia Weller

M

Mabuse, Dr._Teresa Besser
Magenband_Paul Waak
Maulwurf_Janett Bielau
Menschenfressende Pflanze_Jie Wu
Messer_Jeong Hwa Min
Meuchelmord_Mona Peters
Mohn_Jie Wu
Montag-Morgen-Verzweiflung_Fine Heininger
Mopsfledermaus_Jie Wu
Mückenstiche_Paul Waak

N

Nagetier_Julia Weller
Nähe_Jie Wu
Nervosität_Jie Wu
Netz_Jie Wu
Neugier_Jie Wu
Niemand_Jie Wu
Nomatophobie_Stefanie Leinhos
Normalität_Jie Wu
Not_Jie Wu

O

o.b._Fine Heininger
Ösen_Fine Heininger
Ohrensessel, Opas_Fine Heininger
Omnibusismus_Fine Heininger
Opernglas_Fine Heininger
Optiker_Daniela Fetz
Orgasmus (der Frau)_Monja Gentschow
Otto_Janett Bielau
Ouranophobie_Carla Streckwall

P

Palephobie_Marc Damm
Papamobil_Janett Bielau
Plutophobie_Janine Voegele
Porphyrophobie_Cathrine Mason
Pradatasche_Janett Bielau
Procyophobie_Marc Damm
Proxivitriumphobie_Carla Streckwall
Punkte_Janine Voegele
Pyrophobie_Janine Voegele

Q

Quasimodo_Monja Gentschow
Quasselstrippe_Monja Gentschow
Quastentier_Ulrike Zöllner
Querulant_Jolanda Buck
QVC_Monja Gentschow

R

Rabatte_Julia Weller
Radiophobie_Martin Wecke
Rambo_Christoph Vieweg
Randerscheinung_Alexander Schmidt
Rattengerippe_Martin Wecke
Raupe_Jolanda Buck
Religion_Julia Weller
Rosenkrieg_Paul Waak
Rumpeziphobie_Carla Streckwall
Ruß & Aschwolken Isländischer Vulkane_Adrian Bauer

S

Schachmatt_Susanne Vetter
Schlaf_Matti Gajek
SeeHund_Matti Gajek
Sonnenfinsternis_Susanne Vetter
Spears, Britney_Monja Gentschow
Stinkdachs_Martin Wecke
Strafe_Matti Gajek

T

Taphephobie_Stefanie Leinhos
Tattoophobie_Marc Hennes
Terroranschläge_Janine Voegele
Testosteron_Ulrike Zöllner
Teufel_Paul Waak
Tiefenangst_Jolanda Buck
Traualtar_Ulrike Zöllner
Trichophobie_Janine Voegele

U

Unbeweglich_Paul Waak
Unendlichkeit_Paul Waak

V

Vaginawurm_Rebecca Bach
Vakuumphobie_Elisa Beldowski
Verbaphobie_Monja Gentschow
Versammlung_Julia Weller
Versipelliphobie_Marc Damm

W

Wadenbeißer_Franka Eckart
Waffen_Benjamin Courtault
Wahrheit_Benjamin Courtault
Wankelmut_Fine Heininger
Westerwelle & Wild_Ulrike Zöllner
Wolf_Benjamin Courtault
Wonderbra_Rebecca Bach
Wurmloch_Fine Heininger
Wurstsalat_Rebecca Bach
Wurzelbehandlung_Janett Bielau

X

X-Chromosomphobie_Stefanie Leinhos
Xena_Stefanie Leinhos
Xylographie_Stefanie Leinhos
Xylophobie_Elisa Beldowski
Xylophonkonzert_Matti Gajek
Xyrophobie_Elisa Beldowski

Y

Z

A

Aktion, die; Angst eines phlegmatisch Veranlagten davor, sich in Bewegung zu setzen. Einher geht diese Angst oft mit der vor dem Anfangen. Aktion als Handlung meint ein gezieltes Vorgehen, bei dem der Verlauf der Handlung kontrollierbar ist und das Subjekt die Verantwortung trägt. Daraus begründet sich in der Anthropologie ein Unterschied zwischen Mensch und Tier. Dem Menschen wird ein gezieltes Verhalten, Arbeiten oder Gestalten zugeschrieben, während sich das Tier auf Impulse oder Reize hin verhalten soll. Die Aktion wird zur Reaktion.

Alles; vor einfach allem und jedem hat man bei dieser Angst Angst.

Allodoxaphobie, die; gehört zu den spezifischen Angststörungen und bezeichnet die Furcht vor anderen Meinungen wie auch die angstbedingte Hemmung, eigene Überlegungen und Entscheidungen zu einem Sachverhalt zu äußern.

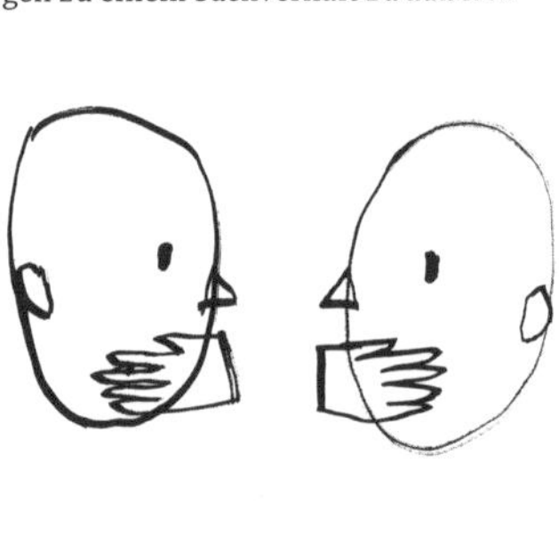

Alter, das; eigentlich natürlicher Prozess des Entstehens und Vergehens, mutiert zu einer existenziellen Angst. Hier löst das körperliche Altern eine permanente Panik aus. Lebensverlängernde Mittel sind, genau wie chirurgische Eingriffe, gängige Versuche, dem Verfall entgegen zu wirken – siehe Popikone Cher.

Amoxophobie, die; Angst vor Autos/ Fahrzeugen.

Anderes Geschlecht, das; die Erwartung der Andersartigkeit des jeweils anderen Geschlechts übt auf jene Angstpatienten einen Druck aus, dem sie am liebsten ausweichend begegnen. Oft haben sie ihre ersten Bekanntschaften sehr spät im Leben.

Aquarium, das; Angst davor, in einem Aquarium eingesperrt zu sein.

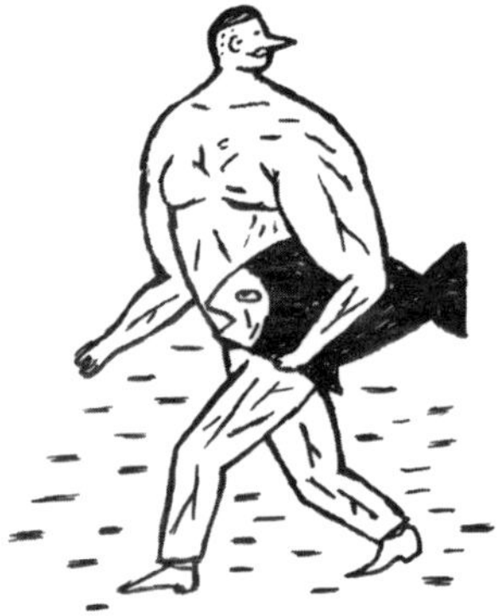

Arschkriecher, der; Determinativkompositum aus dem Substantiv „Arsch“ und der aus dem Verb „kriechen“ abgeleiteten Substantivform „Kriecher“; vulgäre umgangssprachliche Bezeichnung für Opportunist; auch Schleimer oder Speichellecker; im Gegensatz dazu steht der in den Arsch Gekrochene.

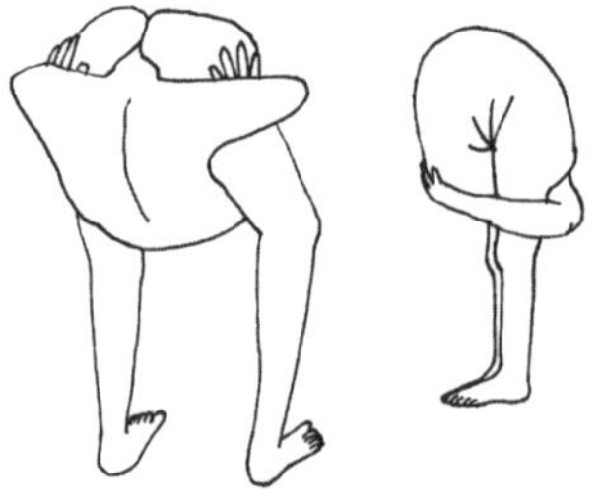

Außenwelt, die; die Welt wird ausschließlich negativ bewertet. Menschen mit Angst vor der Außenwelt fürchten sich vor Menschenmengen, die potenzielle Gefahren wie Krankheiten oder Unfälle bergen. Aber auch zwischenmenschliche Beziehungen werden als Bedrohung wahrgenommen. Das eigene Haus wird als ein sicherer Ort wahrgenommen, der vor dem verletzt Werden in jeder Hinsicht schützend wirkt und der von jenen Menschen oft über Jahre nicht verlassen wird.

B

Badewanne, die; ist für den Mord bzw. Suizid ein beliebter Ort.

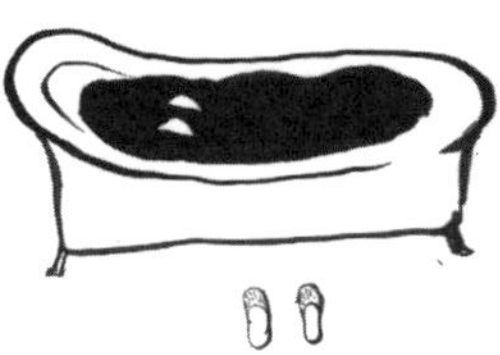

Bahnsteig, der; eine erhöhte Plattform, die in einem Bahnhof neben den Schienen verläuft und den Fahrgästen das Ein- und Aussteigen ermöglicht.

Barbierphobie, die; (lat.) für die „Angst vorm Bartschneider". Barbier ist eine aus dem Mittelalter stammende Bezeichnung für Bartscherer, Badeknechte und Krankenpfleger. Die Angst vor dem Barbier bezieht sich auf die Angst vor dem Bartschneider und rührt aus dem Umstand, diesem während der Rasur ausgeliefert zu sein – mit all seinen handwerklichen Geschicken und Ungeschicken.

Barfüßer, die; 1. Mitglieder verschiedener Bettlerorden. 2. landlos gewordene, verarmte Bauern und andere deklassierte soziale Gruppen, die im zaristischen Russland vagabundierten.

Beegees, die; diese Phobie basiert grundsätzlich auf der Angst gegenüber hochfrequenten Männerstimmen. Sie leitet sich aus der Ablehnung einer bekannten Diskopop-Gruppe der 1970er und 1980er Jahre ab, welche als Hauptverursacher für zahllose Rundfunk-Falschmeldungen sowie für das Waldsterben durch akustische Mutation der Kommunikationswellen verantwortlich zeichnete. Ruhige Barfußspaziergänge im Wald können helfen.

Behinderung, die; da sie in ihrer Berufung vollends aufgehen, fürchten sich Menschen mit Angst vor Behinderung vor Unfällen, die ihre Tätigkeit für immer einschränken. Bei Ärzten, für die die Feinmotorik der Hände essentiell ist, drückt sich die Angst in Form von Krämpfen in den Fingern während einer Operation aus. Ähnliche Symptome werden auch von Künstlern beschrieben.

Berliner Straße, die; Hundescheiße, die überall unter unseren Füßen ist.

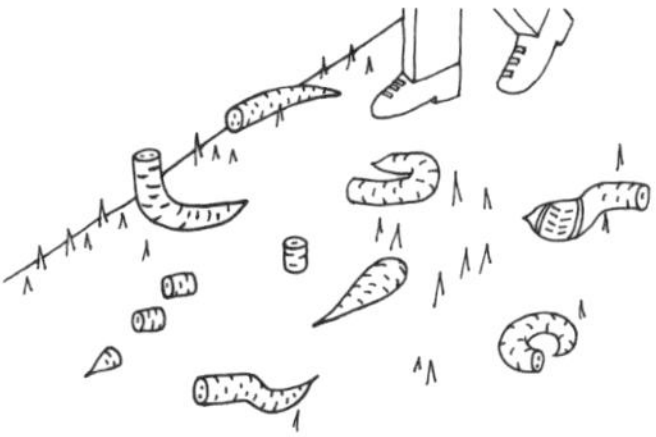

Biber, der; ist ein höheres Säugetier und gehört zur Ordnung der Nagetiere. Aufgrund seiner mächtigen orangegelben Meißelzähne ist der Biber insbesondere von Bäumen gefürchtet.

Bienen, die; über die ganze Erde verbreitete Familie der Hautflügler, wichtig als Blütenbestäuber. Giftstachel als Verteidigungswaffe; deshalb Schutzmontur für Imker nötig.

Blendklappen, die; im Krieg sollen die Blendklappen verhindern, dass das Kriegspferd erschreckt wird.

Bombenleger, der.

BSE, das; Bovine spongiforme Enzephalopathie, ICD-10 A 81.8, schwammartige Gehirnkrankheit von Rindern, auch Rinderwahn genannt, bei der das Gehirn schwammartig anschwillt und meistens zum Tod des Paarhufers führt. BSE sorgte in den 1990ern weltweit für Angst und Panikattacken vor einem guten Rumpsteak und hergestellten Produkten aus Fleischabfällen des Wiederkäuers. Die Haribo-Werke stellten darauf mehrere Jahre die Produktion von Gummibärchen aus Gelatine auf solche aus Agar-Agar um.

Bugs-Bunny-Phobie, die; (lat.) „Angst vor Bugs Bunny“. Der Trickfilmhase Bugs Bunny wurde in den 1930er Jahren von Ben Hardaway, Tex Avery und Chuck Jones in den Warner Bros.-Studios entwickelt und 1940 erstmals in einem Film vorgestellt. Seit den 1960er Jahren wird Bugs Bunny als Zeichentrickserie in der „Bugs Bunny Show“ ausgestrahlt. Die einzelnen Episoden folgen dabei keinem übergeordneten Erzählstrang, sondern erzählen in jeder Folge neue Abenteuer des Helden. Alle Folgen der Bugs Bunny Show enden mit dem Lied „Mein Name ist Hase“, welches ebendieser am Klavier begleitet und mithilfe seines Freundes, der Ente Daffy Duck, darbietet.

Busch, der; Angst davor, von Büschen beobachtet zu werden. Der Blick eines Busches durchfährt den Ängstlichen wie ein Schwert. Der Feind dieses Ängstlichen ist der gemeine Busch mit seinem Furcht einflößenden, unsäglich bösen Buschblick. Der Busch ist deswegen so scheinbar gefährlich, weil er lauert und lauert, aber nichts geschieht, doch jeden Moment etwas passieren könnte. Meist wird ein großer Bogen um den Busch gemacht, was an dieser Stelle einfach die beste Lösung ist. Eine buschfreie Welt wäre die einzige Rettung der Ängstlichen.

C

Candiru, der; (Vandellia Cirrhosa) ist ein Parasit aus der Ordnung der Welsartigen. Er kommt im Amazonas vor und ist der von den Einheimischen meistgefürchtete Fisch in seinen Gewässern. Er wird durch den Harnstoff größerer Fische angelockt, bohrt sich mit einem Haken in das Fleisch seines Wirtes, schlitzt ein

Loch in die Arterie und saugt das durch den Druck rauschende Blut in sich auf. Menschen fürchten ihn, da er ebenso durch Urin angelockt wird, weshalb baden in Candiru-Gebieten strengstens untersagt ist.

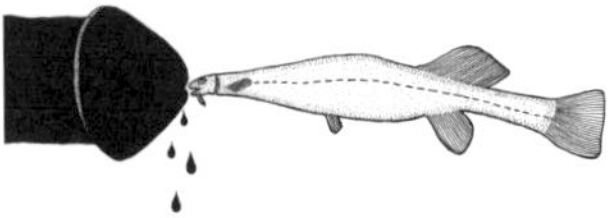

Canophobie, die; (Canus, lat. für Hund) ursprünglich vom Wolf abstämmiges vierbeiniges Landsäugetier. Durch jahrelange (Über-) Züchtung an die Intelligenz/Dummheit des Menschen angepasst. Mit vereinzeltem Hang zu unkontrollierbaren Gewaltausbrüchen in Gruppenverbänden (Rudeln).

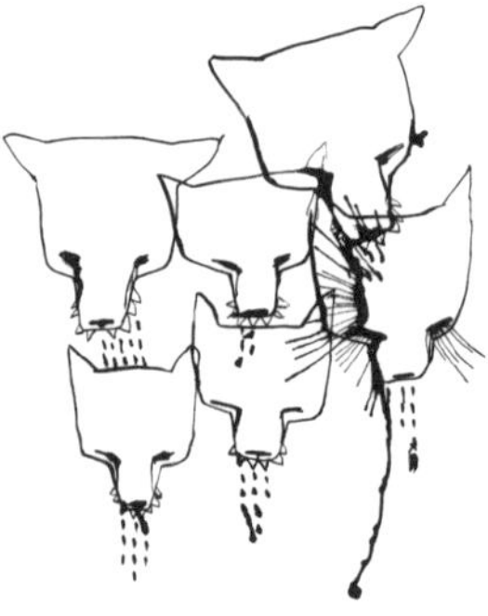

Catterfeld, Yvonne; Handpuppe von Dieter Bohlen. Versetzte mit dem Lied „Für dich“ eine ganze Nation in Angst und Schrecken.

Chaos, das; seit dem 17. Jh. umgangssprachlich für Unordnung, Gewirr, Durcheinander. Der griechische Dichter Hesiod (700 v. Chr.) beschrieb so den Urzustand der Welt – als Nichts und Leere. In der hebräischen Bibel heißt Chaos „Tohuwabohu“ (am Anfang war Irrsal und Wirrsal). Ungewohnte Ordnungen werden oft als chaotisch empfunden.

Cher; (* 20. Mai 1946 in El Centro, Kalifornien, als Cherilyn Sarkisian, auch Sarkissian) ist eine US-amerikanische Unterhaltungskünstlerin, die seit Mitte der 1960er Jahre durch ihr Auftreten und Wirken in Musik, Film, Fernsehen und Mode zu einer popkulturellen Medienikone wurde. C – Change, H – Human, E – Equipment, R – Repeatedly (auf deutsch: wiederholter Wechsel menschlicher Teile). Absicht bei „Cher" ist es, das ewige Leben zu testen.

Christus; er umgibt uns überall.

Clownphobie, die; bezeichnet eine krankhafte Angst vor Clowns, die nach bisherigen wissenschaftlichen Erkenntnissen stark verbreitet ist. Möglicher Auslöser kann unter anderem ein nicht verarbeiteter Besuch eines Zirkus in der Kindheit sein. Traurige Berühmtheit erlangte der als „Pogo der Clown" verkleidete Serienkiller John Wayne Gacy, der in den 1970er Jahren 33 Jungen auf bestialische Weise umbrachte und in seinem Haus einmauerte oder auf seinem Grundstück verscharrte. Dieser historische Fall diente später als Vorlage für Stephen Kings Roman „ES". Zu den bekannten Persönlichkeiten, die unter Clownphobie leiden, gehören Johnny Depp, Daniel Radcliffe und der Rapper P. Diddy.

Cthulhu-Angriff, der; Angst der Menschen vor dem Angriff dieses geheimnisvollen außerirdischen Monsters wurde das erste Mal durch H.P. Lovecrafts Erzählung „The Call of Cthulhu" (1928) geschürt. Lovecraft baute die Figur im Laufe der Jahre zu einem eigenen Mythos aus, dem er mithilfe von Zeitungsausschnitten, Tagebucheinträgen und dem Verweis auf das fiktive Buch „Necronomicon", angeblich von einem wahnsinnigen Araber namens Abdul Alhazred verfasst, einen pseudodokumentarischen Hintergrund verlieh.

D

Dachsphobie, die; (lat.) für die „Angst vorm Dachs“. Der Dachs ist eines der charakteristischsten Säugetiere Europas und steht aufgrund seiner prägnanten Merkmale vor allem in Deutschland für eine Naturalisierung des Aktienmarktes. Vielerorts werden für Wirtschaftsprognosen vor allem dachskundige Fachleute zu Rate gezogen. Vor allem in Zeiten der Wirtschaftskrise wird dem Dachs gerne ein negatives Image angedichtet. Er ist eng verwandt mit dem Dow Jones.

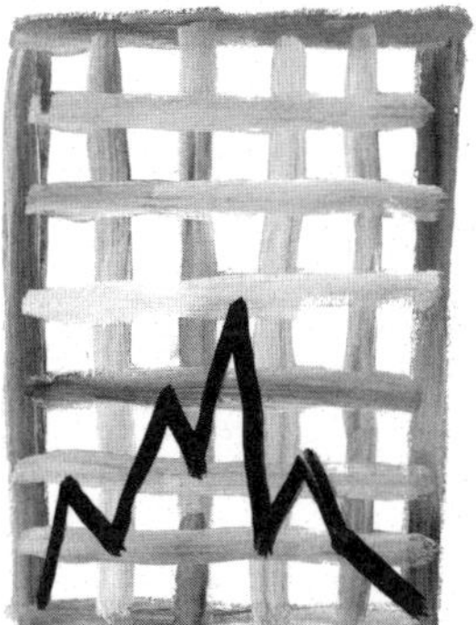

Däubler-Gmelin, Herta.

Deoroller, die; Angst vor Deorollern fällt unter die Kategorie der phobischen Störungen und ist ein Angstsyndrom, bei dem eine hartnäckige Furcht vor dem Objekt des Deorollers besteht. Häufig wird diese Angststörung durch erste traumatische Kontakterlebnisse in der Pubertät ausgelöst.

Dermatopathophobie, die; ist eine spezifische Angststörung und bezeichnet die unsinnig übertriebene Furcht vor der eigenen Haut und davor, an Krankheiten der Haut zu erkranken. Der Dermatopathophobiker versucht sich vor Erkrankungen der Haut zu schützen, indem er Körperkontakt vermeidet.

Designerbrillen, die.

Deutsche Normen, die; Deutschland hält einen Anteil von etwa 20 Prozent aller Gesetze, Normen und Verordnungen, welche es auf der ganzen Welt gibt. Kein Land hat so viele Verkehrsschilder wie Deutschland. Das Deutsche Normenwerk besteht zur Zeit aus etwa 30.000 Dokumenten (DIN-Normen). Jährlich kommen etwa 2.000 neue hinzu. Weiterhin gibt es auf Bundesebene ca. 2.200 Gesetze mit knapp 46.000 Einzelvorschriften und 3.140 Rechtsverordnungen mit fast 41.000 Einzelvorschriften. Hinzu kommen die Gesetze, Vorschriften, Bestimmungen und Verordnungen auf Landes- und Kommunalebene. Die Angst vor Normen kann in der gefühlten Einengung des eigenen Handlungs- und Entscheidungsspielraumes, also einer Bedrohung der eigenen Freiheit begründet liegen. Ganz gegenteilig kann die Angst aber auch vor der Unkenntnis aller Regeln, dem daraus möglicherweise resultierenden Verstoß und der darauf folgenden Bestrafung bestehen.

Diffusionsangst, die; Angst, sich durch eine semipermeable Membran aufzulösen. Die bloße Anwesenheit von Schweineblasen erzeugt heftige Angstreaktionen. Schweiß, Zittern, bis hin zu Tröpfchen in der Unterhose sind merkliche Erscheinungen.

Dromedar, das; der stolze Siebenhöcker ist das perfekte Transporttier für Krieger. Mit ausreichendem Platz bleibt keiner zu Hause. Das Dromedar ist von der Natur erschaffen worden um Angst zu verbreiten. Das Last-, Reit- und Kampftier kommt in weiten Teilen Asiens und Afrikas sowie in Sauen vor. Es ist gerade an mir vorbeigelaufen!

Dunkelheit, die.

Duplexophobie, die; von (lat.) „duplex“: doppelt. Angst vor der Dopplung, beispielsweise von Gegenständen, Personen, aber auch vor der Wiederholung von Handlungen und der Ähnlichkeit von Situationen. Kann in schweren Fällen zu Nomadentum oder ständiger Veränderung des Äußeren führen.

Durchschaubarkeit, die; um nicht verletzt zu werden, verbergen Menschen mit Angst vor Durchschaubarkeit ihre Meinungen und Gefühle. Indem sie sich verweigern ihr Innerstes preiszugeben, scheitern sie an dem Aufbau wahrer Freundschaften und bleiben bis auf oberflächliche Bekanntschaften meist allein.

Durst, der; es ist das Grundbedürfnis der Lebewesen auf unserem Planeten, zu trinken. Lang anhaltender Mangel an Flüssigkeit kann die Nieren schädigen.

E

Edward mit den Scherenhänden; Edward ist ein künstlich erschaffener Mensch, dessen Erfinder starb, bevor er ihn vollenden und ihm die letzten Gliedmaßen, die Hände, ansetzen konnte. Statt Händen hat Edward Apparaturen, die aus mehreren Scheren und Messern bestehen.

Ehrung, die; Beweis der Hochachtung, Wertschätzung; geehrt werden besondere Leistungen im Bereich Kultur, Sport, Gesellschaft u.v.m. Die positive Darstellung ihrer Person in der Öffentlichkeit verursacht bei den zu Ehrenden Angstattacken, die häufig mit allergischen Reaktionen auf Lorbeerkränze gepaart sind.

Entscheidung, die; Angst vor der einzigen Wahl, die eigenen und die Möglichkeiten anderer auszuschließen, verwehrt Menschen die Entscheidung, ihren Weg zu gehen. Die Vielfältigkeit lässt sie an der Richtigkeit der Ich-Realität zweifeln. Häufig scheitern sie an der Beendung von Aufgaben und ordnen sich einer Obrigkeit unter, die die Entscheidungen für sie mit trifft.

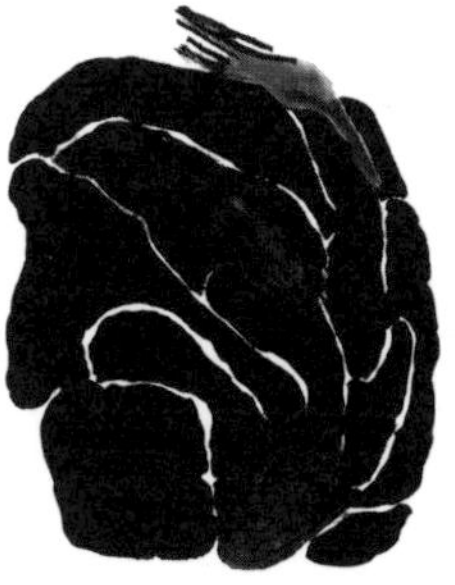

Eurotophobie, die; ist eine spezifische Phobie und beschreibt die Angst vor weiblichen Genitalien, welche auch jeglichen darauf bezogenen Kontakt mit einbezieht. Dieser Kontakt kann auch nur indirekt über das Lesen von einschlägigen Texten oder das Betrachten von Bildern oder Skulpturen mit sachspezifischen Inhalten erfolgen.

F

Fallada, Hans; das Lesen der Märchen von Hans Fallada bewirkt bei Menschen mit Angst vor jenen Geschichten ein Schauergefühl, das durch die Brutalität beim Köpfen von Pferden hervorgerufen wird. Zumeist handelt es sich um Anhänger der Erzählungen der Gebrüder Grimm.

Flugangst, die; weit verbreitete Phobie, die am häufigsten bei Pauschaltouristen kurz vor und während ihrer Flugreise auftritt. Wird meist mit überteuerten Alkoholika an Bord des Flugzeugs und während des Urlaubsaufenthalts bekämpft.

Flughörnchen, das; sollte eigentlich Gleithörnchen heißen. Durch Flughäute zwischen Vorder- und Hinterbeinen kann es seine Sprünge zu Gleitflügen verlängern. Es kann bis zu 40 Meter weit gleiten. Die häufig auftretende Angst vor Flughörnchen basiert zumeist auf der hohen Verletzungsgefahr im Kontakt mit den fliegenden Nagern. Durch ihre Neigung zu gefährlicher Selbstüberschätzung enden ihre Flüge oft verfrüht auf dem menschlichen Kopf. Folgen sind u. a. schwere Gehirnerschütterungen und Atemnot durch Auflegen der Flughäute auf Nase und Mund des Opfers.

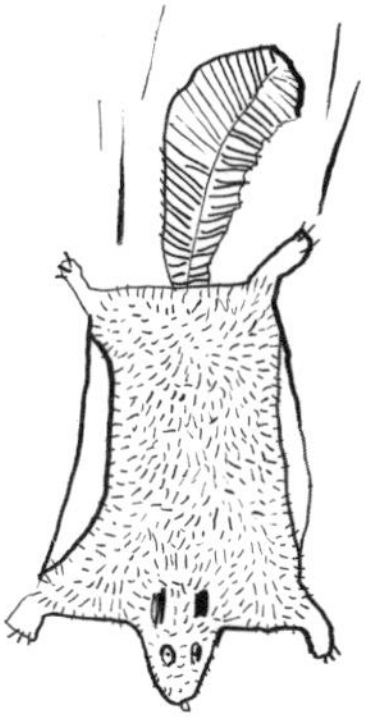

Flughund, der; hat bewegliche Ohren. Er kann gut hören. Am Tag schläft er meist in Bäumen und Höhlen mit dem Kopf nach unten, wobei seine weißen Zähne nach oben schauende Passanten stark blenden und beängstigen können. Seine seltenen, aber umso brutaleren Angriffe auf den Menschen sind gefürchtet und werden von einem unerwartet lauten Bellen begleitet.

Freier Fall, der; die schwindelerregende Höhe eines Hauses oder gar Flugzeuges ist mit den natürlichen Empfindungen der Menschen mit Angst vor freiem Fall nicht vereinbar. Der Verlust des normalen Boden-Augen-Abstandes kann auch metaphorisch verstanden werden. Betroffene lassen sich nicht gern auf Wagnisse ein, die ihnen unbekannt sind und keine Absicherung enthalten.

Freud, Sigmund; ursprünglich Sigismund Schlomo Freud, 1856–1939. Österreichischer Arzt, Tiefenpsychologe und Kettenraucher, Begründer der Psychoanalyse. Prägte durch Selbstanalyse und Eigenbeobachtung den Begriff der Kastrationsangst, durch die Jungen in ihrer frühkindlichen Entwicklung den Ödipuskomplex überwinden und dadurch den Wunsch besiegen, den Vater zu töten, um die Mutter zu begehren.

Friseur, der; um die feinen Details des eigenen Gefühlsausdrucks in den Gesichtszügen nicht preisgeben zu müssen, verweigern Menschen mit Angst vor dem Friseur das Schneiden ihres Haupthaars. Über Jahre hinweg entsteht ein für Außenstehende ungepflegt wirkendes Äußeres, das zu weiterer Isolation führt.

Fronturlaub, der; durch Krankheit, Verwundung o. Ä. erzwungene oder freiwillige befristete Rückkehr eines Frontsoldaten in seine Heimat. Oft einhergehend mit Entfremdung vom friedvollen Zivilleben, die bis zur Gewalt auslösenden Psychose reichen kann.

Froschphobie, die; oder Randiodaphobie, tritt häufig auf, nachdem man einen platten Frosch auf der Straße gesehen hat.

Frutiger, Adrian; Grafikdesigner und Schriftgestalter; auch bekannt unter dem Namen „Mr. Univers". Die Angst vor ihm wird auch Melofontphobie genannt und begründet sich in der Angst vor schwarzer Schrift.

G

Gabelstaplerphobie, die; Gabelstapler werden in fast jedem güterproduzierenden Betrieb gefürchtet. Angst besteht vor allem vor dem Überschätzen der Nutzlast und deren Tragfähigkeit.

Gänsephobie, die; Gänse (Anserinae), weit verbreitete Unterart der Entenvögel. Gänse werden wegen ihrer Wachsamkeit bei Störenfrieden und Einbrechern stark gefürchtet (Geschichte des Sankt Martin, biblische und römische Texte). Des Weiteren lösen fauchende Laute von Gänsen bei Rentern mit Brottüten und ihren Enkelkindern im Park ein starkes Unbehagen aus, da diese meist als eine vorausgehende Warnung vor dem darauffolgenden Frontalangriff verstanden werden können.

Geliophobie, die; (griech. für geloto: Lachen, phobos: Angst). Bezeichnet die Angst vor dem Lachen, sowohl bei anderen Menschen – da Phobikern ständig vermuten, verspottet zu werden – als auch vor dem eigenen Lachen, das in manchen Situationen peinlich als unpassend auffallen könnte. Betroffene sind in der Regel zu keinen positiven emotionalen Regungen fähig.

Geniophobie, die; (griech. für genio: Kinn) gehört zu den spezifischen Phobien und bezeichnet die Furcht vor einem Kinn.

Glücksbärchis, die; eine unter absolutem Kontrollzwang leidende Spezies. Sie manipulieren Menschen und rauben Kindern durch ihr aufdringliches Aussehen den Verstand. Jeden Einzelnen versuchen sie in ein liebevolles Wesen umzuwandeln. Trifft man auf ein Bärchi, ist es ratsam, es mit einer dunklen Charaktereigenschaft zu bezwingen.

Golem, der; jüdische, menschenähnliche Gestalt aus Lehm und Ton, künstlich gebildetes Wesen, das besondere Kräfte besitzt, Befehlen folgt, aber nicht sprechen kann.

Gray, Dorian; Angst vor sich selbst – eine Romanfigur des irischen Schriftstellers Oscar Wilde.

Gruppensex, der; Angst vor Gruppensex, auch Gangbang oder Orgie, eine Sexualpraktik für mehr als zwei Personen. Pornokinos, Baggerseen und Autobahnparkplätze sind beliebte Orte für Gruppensexler. Die Angst vor Gruppensex äußert sich im Detail vor versehentlicher sexueller Umorientierung und besonders ausgeprägte Individualisten haben Angst davor, zu kurz zu kommen.

Gynäkophobie, die; gehört zu den spezifischen Phobien und bezeichnet die krankhaft gesteigerte Furcht vor dem weiblichen Geschlechtsorgan (v. a. den äußerlich sichtbaren). Ein veralteter Ausdruck ist „Weiberscheu".

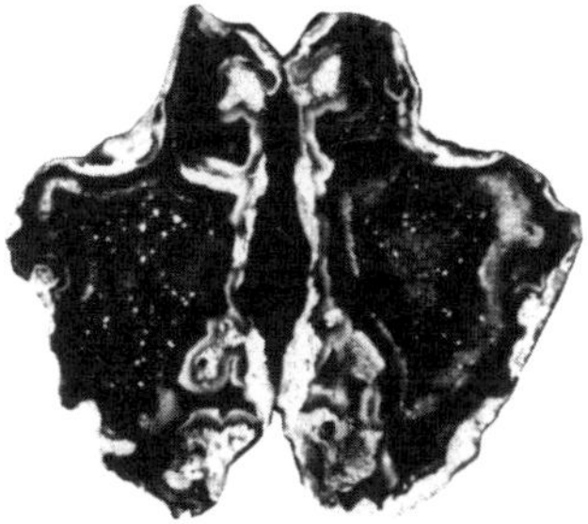

H

Haare, die; (Trichipathophobie) panische Angst vor gelockten, dünnen, kurzen oder blonden Haaren; im wesentlichen aus abgestorbenen Zellen bestehende Hornfäden, die bis auf die Handflächen und Fußsohlen die menschliche Haut bedecken. Das Tragen von toter Materie am lebendigen Leib verursacht daher bei Betroffenen nicht selten panische Angstzustände, denen nur schwer zu entkommen ist.

Hai, der; eine Knorpelfischart mit so genanntem „Revolvergebiss", bei dem die Zähne unbegrenzt nachwachsen können. Obwohl jährlich weniger als zehn Menschen an Haiattacken sterben, liegt in der Angst vor Haien bei vielen Menschen die „Hydrophobie" (Wasserscheu) begründet.

Hannibal (Hannibal Barkus); um 246 v. Chr. in Karthago geboren, um 183 v. Chr. in Bithynien gestorben, einer der größten Feinde des Römischen Reichs, gilt als einer der größten Feldherren und Kriegsstrategen der Antike. Während des Zweiten Punischen Kriegs (218–201 v. Chr.) durchquerte er mit seiner Armee und Kriegselefanten die Alpen nach Italien, wo er dem Römischen Reich mehrere schwere Niederlagen zufügte.

Hitchcock, Alfred; (Ornithophobie) bezeichnet die panische Angst vor Vögeln und anderem Gefieder. Verhalf Alfred Hitchcock im Jahre 1963 mit dem Film „Die Vögel" zu Millionengewinnen.

Hominophobie, die; bezeichnet die krankhafte Furcht vor Männern. Das kann so weit gehen, dass die Hominophobiker selbst den Geruch von vorher anwesenden Männern nicht ertragen oder auch nicht den Gedanken, einem Mann die Hand zu schütteln, oder dort zu sitzen, wo vorher ein Mann gesessen hat.

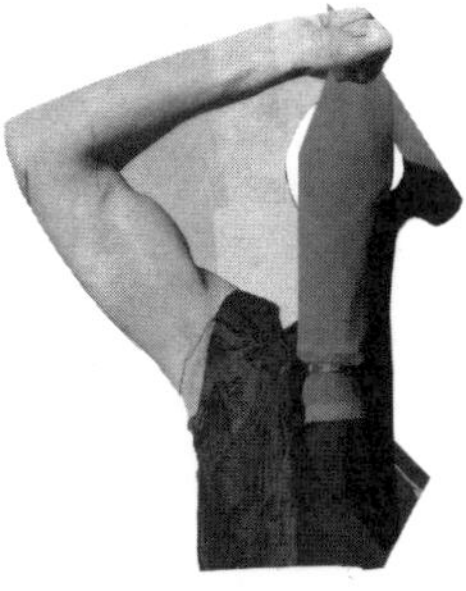

I

Igor, der; geistig und körperlich gestörter Gehilfe von Viktor Frankenstein.

Ikone, die; sie thront über uns, mit ihrem erhabenen Abbild. Makellos und bewundernswert. Unser Blick schweift in die Ferne und wir erwarten das, was wir nicht kennen. Unsere jetzigen Bilder verändern sich und alles nimmt einen neuen Platz ein, auch Ikonen.

Iltis, der; auch „Ratz“ oder „Stänker“. Ein Raubtier aus der Familie der Marder. Sein bei Gefahr versprühtes Geruchssekret versetzt Feinde in Angst und Schrecken.

Indianer, die; amerikanische Ureinwohner. Sehr gefürchtet von den Spaniern zur Zeit der Eroberung von Südamerika.

Insectophobie, die; (Entomophobie, Insektophobie, Insektenphobie) gehört zu den spezifischen Angststörungen und bezeichnet die Angst vor Insekten. Der Entomophobiker meidet Insekten aller Art und auch Orte, an denen diese oft anzutreffen sind. Befinden sich Insekten am Wohnort des Betroffenen, müssen diese (meist durch dritte Personen) vernichtet werden, damit der Phobiker sich wieder beruhigt.

Isolophobie, die; Angst vor dem Alleinsein. Menschen, die unter Isolophobie leiden, haben eine übertriebene Furcht vor dem Alleinsein oder vor Isolation. Schon der Gedanke allein zu sein oder alleingelassen zu werden löst bei ihnen Panikattacken aus.

Ityphallophobie, die; Angst, eine Erektion zu sehen, daran zu denken oder eine zu haben.

J

Jagd, die; um den Gejagten zu erlegen, wird er vom Jäger zuvor verfolgt und in die Enge getrieben. Eine Sonderform stellt die Gesellschaftsjagd dar, an der mehr als drei Jäger teilnehmen, die das Opfer einkesseln und zu Tode hetzen.

Jahrmarkt, der; ein mehrtägiger Markt, der einmal jährlich Gelegenheit für Vergnügung gibt. Äußerst beliebt waren Schauen, in denen Kleinwüchsige, die Frau mit Bart oder Tanzbären begafft werden konnten.

Jalousiephobie, die; Angststörung, die gehäuft bei pedantischen Persönlichkeitsstrukturen auftritt. Äußert sich in der Angst vor fragil-komplexen technischen Konstruktionen und der Wahnvorstellung, diese durch Benutzen oder bloßes Ansehen in Unordnung zu versetzen.

Judenfeindlichkeit, die; (auch Judenhass, Judenfeindschaft, gegebenenfalls Judenverfolgung) bezeichnet eine pauschale Ablehnung der Juden und des Judentums.

Justiziphobia, die; Angst vor der Justiz. 1. rechtsprechende Gewalt, oder 2. Behörde, die die Einhaltung der Rechtsordnung gewährleistet; ihr gehören Richter, Staatsanwälte, Schöffen und Rechtsanwälte an. Die Justiz als unbekannter, oft unheimlicher Apparat, macht vielen Menschen darum Angst, weil sie deren Bestimmung allein darin sehen, ihnen das Leben schwer zu machen. Dies geschieht durch unverständliche Gesetzestexte, ein für Außenstehende oft undurchschaubares System und durch das Gefühl, das eigene Recht gegenüber diesem nicht verteidigen zu können.

K

Kaktus, der; sukkulente Pflanze aus der Familie Cactaceae. Beliebige exotische, sukkulente Pflanze, die in der Lage ist, viel Wasser zu speichern und meist mit Dornen bestückt ist.

Kaktuswald, der; Vegetation, ausschließlich bestehend aus dichtem Kakteenbewuchs; Formen sehr verschieden, die Blätter sind meist zurückgebildet zu Stacheln; einen Kaktuswald zu durchqueren birgt die Gefahr, sich tödlich zu zerstechen.

Kälte, die; Angst vor Kälte lässt sich mit der Angst vor Einsamkeit vergleichen. Die Betroffenen verweigern sich dem Rückzug in die Wohnung oder die Kleidung. Sie fürchten sich vor dem mit sich allein Sein, um sich nicht mit den eigenen Standpunkten und Lebensqualitäten auseinandersetzen zu müssen. Nach außen wirken sie aufgeschlossen und lebensfroh.

Kampfhahn, der; als Hahnenkampf bezeichnet man einen Wettbewerb, bei dem zwei Hähne in einer Arena oder auf einem Kampfplatz aufeinander losgelassen werden. Gewöhnlich wird bei einem Hahnenkampf auf dessen Ausgang gewettet. Eines der beiden Tiere unterliegt, wenn es nicht mehr kämpft, schwer verletzt ist oder stirbt. In vielen Staaten sind die Kämpfe aus Gründen des Tierschutzes oder wegen Wettverboten untersagt, in anderen Ländern ist der Hahnenkampf eine traditionelle und populäre Sportart.

Kanzler/in, der/die; einflussreichste(r) dt. Amtsträger(in) und Chef der Bundesregierung. Durch Vorgabe der Richtlinien der Regierungspolitik bei der Bevölkerung verstärkt Ängste auslösend (Bsp.: Sozialabbau). Kann jedoch durch ein konstruktives Misstrauensvotum vor Ablauf der vierjährigen Amtszeit abgelöst werden.

Kartoffelsprosse, die; Ergebnis falscher Lagerung.

Katze, die; bei der Katze ist Vorsicht geboten, da ihre Liebesbeweise sich von denen des Menschen erheblich unterscheiden.

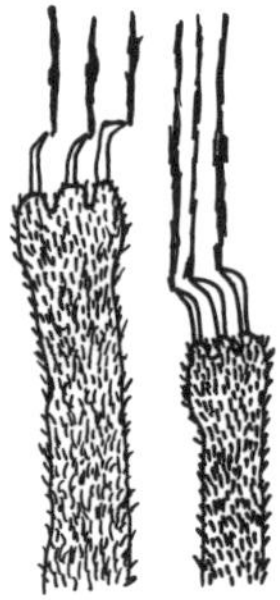

Katzenphobie, die; Angst vor Katzen, aber auch: Ängste von Katzen. Die Erforschung spezifischer Katzen ist ein momentan (Stand 2010) noch wenig erschlossenes Forschungsgebiet, da diese vom menschlichen Verstand meist nur schwer nachvollziehbar sind.

Kette, die; mit der sich ein Pärchen aneinander bindet. Bei besonderen Anlässen (Heirat, Zusammenziehen ...) werden heimlich die Schlüssel der Kette getauscht, weil man davor Angst hat, dass der Partner verloren geht oder flüchtet. Wenn die Beziehung beendet wird, gibt man die Schlüssel wieder heimlich zurück. Manchmal vergisst jemand, die Schlüssel zurückzugeben oder die Kette zu öffnen. Das wird später zum großen Problem, weil man die Kette ein Leben lang anbehalten muss.

Klaustrophobie, die; (lat.) claustrum „Käfig", auch Raumangst, ist eine spezifische (isolierte) Phobie und somit eine Unterform der Angststörungen. Sie äußert sich als Angst vor geschlossenen oder engen Räumen, die in der Konsequenz gemieden werden.

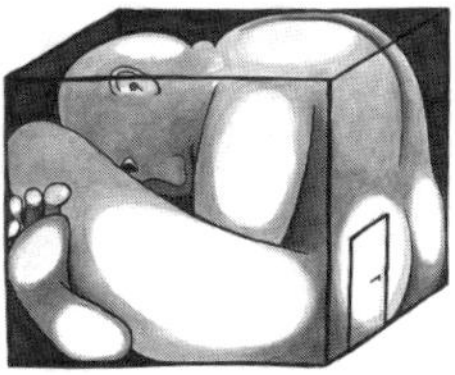

Knödel, der; im Jahr 1834 erstickten in Würzburg (32 Einwohner) fünf Menschen nach dem Wettbewerb „Der größte Knödelfresser". Seither sind Knödelfresserwettbewerbe in ganz Nordfriesland verboten. Dieses Ereignis wird heute noch öfter erzählt, um die friesischen Kinder vom zu schnellen Essen abzuhalten.

Kosmikophobie, die; (griech.) kosmo: Weltall, Welt. Gehört zu den spezifischen Angststörungen und bezeichnet die pathologisch überzeichnete Furcht vor dem Kosmos. Bei dieser Angststörung meidet der Kosmikophobiker Gedanken über den Kosmos, kosmische Ereignisse, kosmische Phänomene.

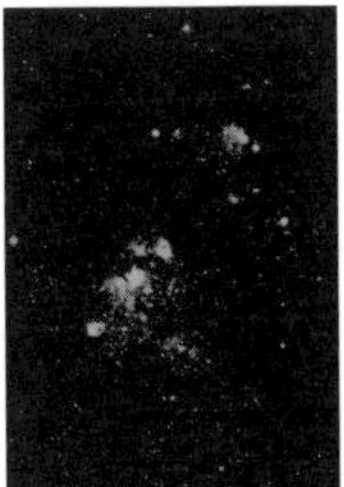

Kroktusphobie, die; auch die Angst vor Krokodilkakteen. Diese Angst ist besonders häufig bei in der Wüste lebenden Menschen. Im Besonderen in der Wüste von Arizona, da viele Reiter die Krokodilkakteen mit gewöhnlichen Kakteen verwechseln und beim Vorbeireiten gefressen werden. Die Phobie kann sich zu einer allgemeinen Furcht vor freien Flächen und Wüsten ausweiten, so dass diese nicht mehr betreten werden können.

Ku Klux Klan, der; ist ein rassistischer Geheimbund in den USA. Der Name ist lautmalerisch dem Geräusch beim Spannen eines Gewehrhahnes nachempfunden. Bezeichnet sich selbst als radikalchristliche Organisation. Ziel des Klans war nach der Gründung 1865 primär die Unterdrückung und Wiederversklavung der Schwarzen. Die Gewänder repräsentieren Geister der im amerikanischen Bürgerkrieg gefallenen Konföderationssoldaten, die vom Tode auferstanden sind.

Künstler, die; gemeingefährliche, Unruhe und Chaos stiftende Künstler mit ihren verrückten Ideen lösen beim Betroffenen eine Beklemmung aus, die sich schnell zu rasender Angst, Aggression oder Fluchtzwang steigert. Der Künstler ist berühmt dafür, in den offenen Wunden der Gesellschaft zu stochern, sei es mit Worten, Pinseln, Stiften oder anderen brutalen Werkzeugen.

L

Langtüttin, die; (auch Tittenwief) ist eine weibliche Dämonin, die ihren Namen wegen ihrer langen, hängenden Brüste bekommen hat (von mundartlich „Tutte“, althochdeutsch Tutte = Zitze). Sie jagt Kinder, um sie entweder an ihren schwarzen eisernen Brüsten totzudrücken oder sie zu zwingen, an ihnen zu saugen. Da aus der einen Brust Milch und aus der anderen Eiter fließt, ist auch bei dieser Methode die Überlebenschance der Kinder gering. In Norddeutschland gibt es den alten Kinderreim: „Frau Anna Marlene Ittchen, mit ihren eisernen Tittchen.“

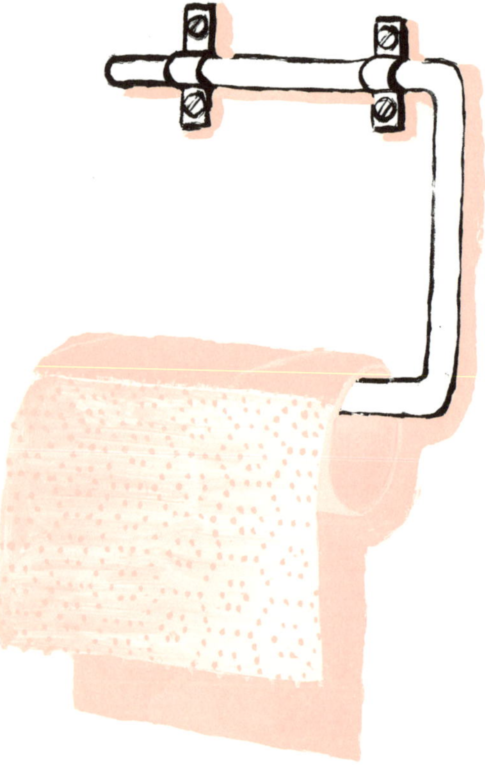

Leere Klopapierrolle, die; alleine der Gedanke, bei einem Klobesuch eine leere Klopapierrolle vorzufinden, kann bei Betroffenen starke körperliche Symptome wie Schweiß- und Hitzeausbrüche, Magenkrämpfe und Atemnot auslösen. Ihr Denken kreist unentwegt um die möglichen negativen Folgen, die Hilflosigkeit und Schmach, welche mit dieser Situation einhergehen könnten.

Legophobie, die; Angst vor Legosteinen. Diese Angststörung tritt verstärkt bei Eltern auf, wobei das Durchlaufen des Kinderzimmers vermieden wird. Meist ausgelöst durch ein früheres Treten auf Legosteine und den damit verbundenen Schmerz, kann Legophobie dazu führen, dass Schuhe in fremden Wohnungen anbehalten werden müssen.

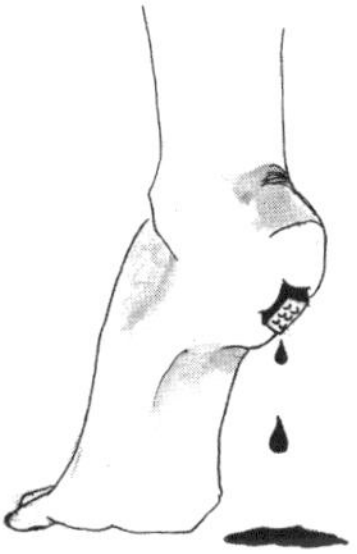

Lochiophobie, die; Angst davor, während des Vorgangs der Kindsgeburt zu sterben.

Lolliphobie, die; auch die Angst vor Lollis und ähnlichen Süßigkeiten, wird zu den Hygiene-Angststörungen gezählt. Dabei geht es um die Furcht, Lollis könnten sich in eine klebrige Masse auflösen und am Körper kleben. In schlimmen Fällen schwenkt die Angst in einen Ekel vor anderen Menschen und vor allem vor Kindern um, da diese des Öfteren klebrige Hände haben.

Loslassen, das; aus Bitterkeit können Menschen mit Angst vor dem Loslassen keine Veränderung zulassen. Sie verharren meist in der Vergangenheit, ohne sich die aktuelle Situation zu vergegenwärtigen. Sie verfallen in einen Krampfzustand, indem sie ausschließlich ihre Gedankenwelt als Realität wahrnehmen. Oft fallen Menschen in diesen Zustand, wenn ein nahe stehender Mensch todkrank ist.

M

Mabuse, Dr.; um 1919 von dem luxemburger Schriftsteller Norbert Jacques erfundene Figur eines Superverbrechers; tritt unter anderem in Filmen von Fritz Lang auf. „Es gibt keine Liebe. Es gibt nur Begehren! Es gibt kein Glück. Es gibt nur Willen zur Macht! ... Jetzt soll die Welt erst erfahren/wer ich bin – ich! Mabuse! – ein Titan, der Gesetze und Götter durcheinanderwirbelt wie dürres Laub!!".

Magenband, das; dient einer medizinischen Behandlungsmaßnahme bei krankhafter Fettleibigkeit, die durch Diäten und konservative Behandlungsmaßnahmen nicht behandelbar ist. Das Magenband ist die letzte Chance bei Angst vor Fettleibigkeit auf dem Weg zum krankhaften Schönheitsideal.

Maulwurf, der; Säugetier mit Schaufeln an den beiden vorderen Extremitäten. Trotzt jeder Baumarktreklame, bringt sein eigenes Equipment mit. Die Grabetätigkeit führt zu ständigen Konflikten mit den Menschen (der so genannte Maulwurfshügel zerstört den englischen Rasen), auch seine optische Erscheinung trug bisher nicht unbedingt dazu bei, den nahezu blinden Fleischfresser beliebter zu machen. Angst vor dem Maulwurf äußert sich in der Benutzung von käuflich erworbenen Schaufeln gegen das unter Artenschutz stehende Raubtier.

Menschenfressende Pflanze, die.

Messer, das; Arbeitsgerät, Werkzeug, Haushaltsgerät und Waffe.

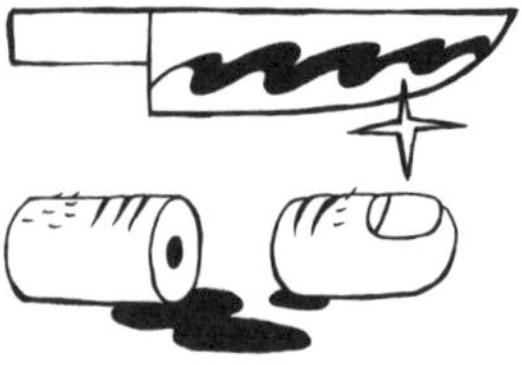

Meuchelmord, der; beängstigendes Ereignis, welches einen besonders hinterhältigen, heimtückischen Mord beschreibt.

Mohn, der; abgesehen davon, dass im Mohn Opiate enthalten sind, macht diese Pflanze mit ihren unheimlich vielen Haaren anderen Wesen Angst.

Montag-Morgen-Verzweiflung, die; (lat.) desperatus diei lunae mane. Früh auftretendes körperliches Unwohlsein als auch innere Unruhe bezüglich der zu erfüllenden Pflichten, verbunden mit dem dringenden Bedürfnis, den Kopf wieder in die Kissen zu stecken.

Mopsfledermaus, die; den Namen bekam die Mopsfledermaus durch die mopsartige Schnauze. Mopsfledermäuse sind sehr gute Schauspieler in Horrorfilmen.

Mückenstiche, die; im Allgemeinen harmlos, können aber für den Menschen besonders gefährlich werden, wenn mit dem Stich Erreger einer Infektionskrankheit (Denguefieber, Malaria etc.) übertragen werden. Der Juckreiz kann durch Kühlsalbe oder Alkohol gemildert werden.

N

Nagetier, das; die Nachtaktivität und die Wendigkeit durch die geringe Größe des Tieres wirkt auf Menschen mit Angst vor Nagetieren bedrohlich. Schrankwände und große Sofas werden von den Betroffenen gemieden, da sie befürchten, die kleinen Nager lauern mit ihren riesenhaften Schneidezähnen in jenen Ecken auf einen unverhofften Angriff.

Nähe, die; eine unpassende Nähe kann auch bedrohlich sein.

Nervosität, die; ist ein dicker Freund der Angst.

Netz, das; fängt wahllos alles.

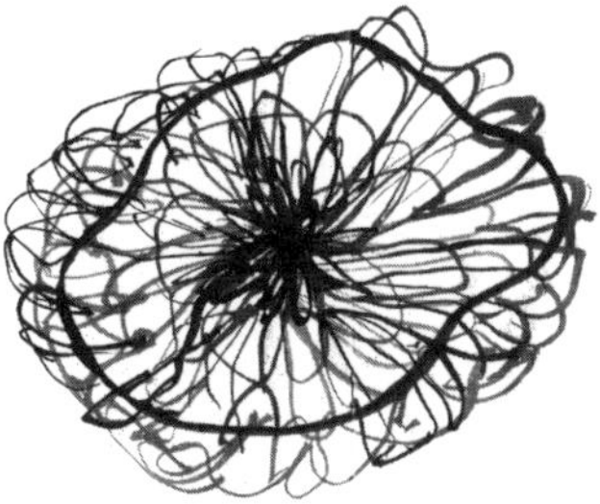

Neugier, die; den etwas Verbergenden ist die Neugier meist unangenehm.

Niemand.

Nomatophobie, die; (lat.) für die „Angst vor Namen“. Ein Name ist eine Bezeichnung für Orte, Lebewesen, Gegenstände oder Ereignisse, welche durch diesen konkretisiert und näher bestimmt werden. Gleichzeitig wird durch einen Namen eine Zuweisung zu bestimmten Gruppen oder Kategorien vorgenommen, welche auch als Katalogisierung und Stigmatisierung verstanden werden kann. Besonders deutlich wird dies bei Personennamen, welche, von den Eltern gegeben und vorbestimmt, den Namensträger bestimmten gesellschaftlichen Schichten oder Klassen zuordnen und diesen somit, unabhängig von dessen Möglichkeiten und Fähigkeiten diese Klassen zu verlassen, stigmatisieren.

Normalität, die; definiert durch die Gleichheit. Eine Normalitätswahrnehmung kann Langeweile, Ideenlosigkeit, Vorurteile, usw. verursachen.

Not, die.

O

o.b., der; Tamponik, die, auch o.b.anik, die: (lat.) Claustrophobia et Aversio Vaginalis. Gesteigerter Ekel vor dem wattigen Objekt inklusive bläulichem Rückholbändchen zur Aufnahme der weibl. Monatsblutung. Unbedingtes Wegsehen bei Entnahme.

Ösen, die; Angst vor der metallischen Verknüpfung geöffneter Kleidungsstücke. Kann unter Umständen auch im Transportwesen auftreten.

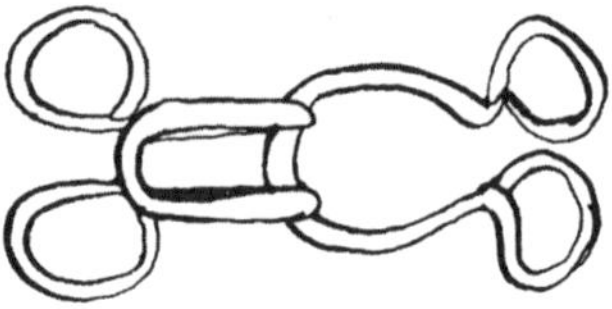

Ohrensessel, Opas, der: (lat.) sedile auricula avum. Drohende Gefahr des Versinkens in der streng duftenden Konstruktion aus hartem Holz, gegerbtem Leder und tief vergrabenen Erinnerungen.

Omnibusismus, der; (lat.) aurigatio interna aeterna. Ständige Panikattacken mittelschweren Ausmaßes bezüglich der Möglichkeit, die richtige Haltestelle zu verpassen und bis in alle Ewigkeiten weiter mitfahren zu müssen.

Opernglas, das; (lat.) vitri opera classica. Ungewollter Durchblick in konzertanten Aufführungen, nicht nur die Mundhygiene der Solisten, sondern auch Ausschnittsinhalte der Parkettsitzenden betreffend.

Optiker, der; Opticiphobia. Angst vor dem Optiker, Feinmechaniker für optische Geräte, insbesondere Brillen. Der Optiker als Feinmechaniker für optische Geräte verhilft durch die Untersuchung des Sehvermögens mit dem dazugehörigen Test zu neuer Sehstärke, indem er die passende Brille verabreicht. Genau diese Tatsache jagt vielen Menschen Angst ein, weil sie durch zu detailreiches scharfes Sehen mit der ungeschminkten Realität konfrontiert werden könnten.

Orgasmus (der Frau), der; kurz vor dem Orgasmus steigert sich die Durchblutung der Geschlechtsorgane bis zum Maximum. Während dieses Höhepunkts kann es durch willkürliche rhythmische Muskelkontraktion der Frau zur Penisverstauchung beim Mann kommen. Kratzwunden und Atemnot sind ebenfalls häufige Resultate. Ihr Schrei verursacht Ohrenschmerzen bis hin zu schlimmen Hörstürzen.

Otto; (Otto Waalkes) deutscher Komiker, Zeichner und Musiker. Hat Schnalzen und gekrümmte Körperhaltung salonfähig gemacht. Der Ostfriesland-Patriot ist mit Kalauern, Ottifanten und Wortspielen ein omnipräsenter Bestandteil der Kultur der Massen. Seit dem Ende der 1980er Jahre tritt der alternde Otto seltener selbst vor die Kamera, dafür gibt er seine Stimme für die Synchronisation von Werbesendungen und Animationsfilmen her. Auch die Merchandise-Maschinerie läuft: Basecaps mit Engelsflügeln, Shirts mit Ottifanten und ein nachhallendes Ottolachen sorgen für Angst und Schrecken.

Ouranophobie, die; auch Himmelsangst, bezeichnet die Angst vor freiem Himmel und ist ähnlich der Angst vor der Unendlichkeit. Die Weite des Himmels und des Kosmos liegt jenseits unserer Vorstellungskraft, was zu einer Furcht vor Kontrollverlust führen kann. Durch die stetige Ungewissheit, was sich über ihnen befindet, verlassen Phobiker nicht mehr ihr Haus.

P

Palephobie, die; Angst vor Pollenflug. Diese Angststörung tritt vor allem bei Allergikern während der Paarungszeit der Blumen und Pflanzen auf. Die überbordende Romantik, die dann förmlich in der Luft zu (f)liegen scheint, löst bei einigen Betroffenen gar heftige aber effektvolle Gefühlsausbrüche wie rot geschwollene, tränende Augen und triefende Nasen aus.

Papamobil, das; (Auto des Papstes), verkürzt aus ital. papa, „Papst“, und (auto) mobile, „Auto“. Das Fahrzeug hat 279 PS und ist eine Sonderanfertigung von Mercedes Benz. In Schrittgeschwindigkeit rollt das gepanzerte Mobil durch die Massen der Gläubigen. Die Stoßstange hält fanatische Christen fern und sorgt im Notfall für freie Bahn.

Plutophobie, die; Angst vor Reichtum. Plutophobie bezeichnet die krankhafte Furcht vor Reichtum. Bei dieser Angststörung meidet der Phobiker Reichtum bzw. die sichtbaren Anzeichen davon. Es existiert die Angst, selbst Reichtum/Geld anzuhäufen und/oder die Angst vor dem Reichtum von anderen.

Porphyrophobie, die; Angst vor der Farbe Purpur.

Pradatasche, die; häufig an gut situierten Damen befindliches Accessoire, das durch unnötige Verzierungen, Gold und eine rechteckige Form auffällt. Hergestellt wird die Tasche meist aus Häuten von seltenen Tieren. Eine solche Tasche zu besitzen hat selten nützliche Gründe. Auch ästhetisch machen die Lederbeutel wenig her, aber die Pradatasche ist ein Statussymbol und wird daher selten hinterfragt, aber verzweifelt gewollt. Keine zu besitzen, führt in bestimmten Kreisen zu Ausschluss aus diesen.

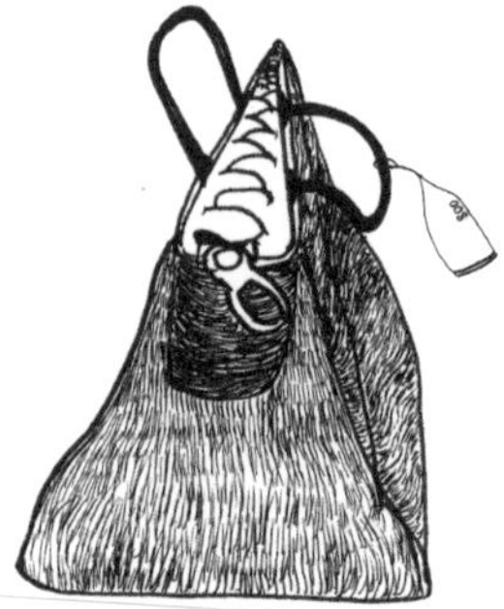

Procyophobie, die; Angst vor Waschbären (lat.) Procyon. Diese meist unterschätzte Säugetierart lebt notgedrungen in alten, kaputten Waschmaschinen, welche ihr vermeintlicher Freund, der Mensch, in Unmengen an Waldstraßen „zur Verfügung stellt". Wir haben wahrlich Grund zur Angst, denn die Rache der Waschbären wird alles andere als sauber sein!

Proxivitriumphobie, die; oder auch die Angst vor Lupen und Vergrößerungsgläsern. Bei dieser Angststörung handelt es sich primär um die Furcht vor einer Vergrößerung an sich und den damit verbundenen Ekel. Dinge, die normalerweise nicht wahrgenommen werden, sind plötzlich stark vergrößert und wirken monströs. Besonders verstärkt tritt die Phobie bei der Betrachtung des eigenen Körpers auf, da man sich hierbei einem Ekel vor sich selbst kaum entziehen kann.

Punkte, die; Punktphobie. Bezeichnet die krankhafte Erhöhung der Angst vor Punkten oder kreisförmigen Gegenständen. Bei dieser Angststörung meidet der Punktphobiker in extremen Fällen auch die Aussprache oder das Schreiben des Wortes „Punkt".

Pyrophobie, die; Angst vor Feuer. Die Pyrophobie bezeichnet die extreme Furcht vor Feuer. Bei dieser Angststörung meidet der Pyrophobiker die Nähe zu Feuer; er fürchtet sich ins Feuer zu sehen, ein Feuer anzustecken oder auch schon davor, dass Feuer irgendwann, irgendwo in seiner Nähe ausbrechen könnte.

Q

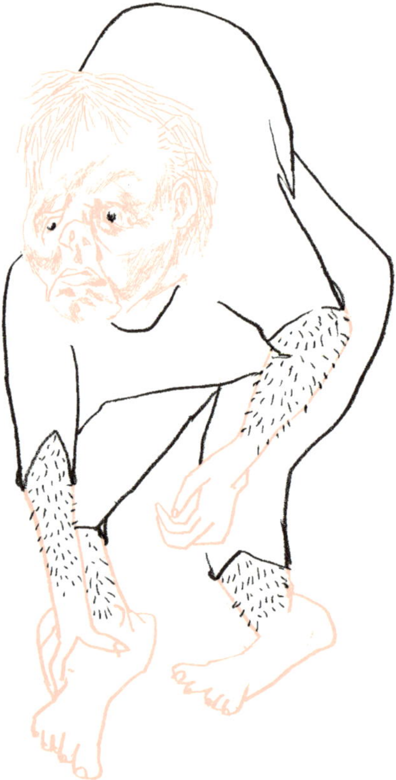

Quasimodo; ist das Abbild der Hässlichkeit, denn er ist schrecklich deformiert, hat einen Buckel und eines seiner Augen (auch noch das ohnehin schon hängende) ist mit einer Warze bedeckt. Des Weiteren ist er durch das jahrelange Glockenläuten taub.

Quasselstrippe, die; ist ein zumeist dem weiblichen Mund entspringendes endloses Wortseil, das dem Gegenüber Sprachlosigkeit, schwache Nerven, Schweißausbrüche, Atemnot und im schlimmsten Fall Herzversagen bereiten kann.

Quastentier, das; Angst vor dem Quastentier. Das Quasten- oder auch Quaddeltier (das gemeine) frisst einfach die Fransen vom Teppich. So ist der Teppich erheblich in seiner Gänzlichkeit eingeschränkt.

Querulant, der; (lat.) querulus: „der sich Beschwerende". Die Angst vor dem Querulanten ist eng verknüpft mit dessen Eigenschaft, sich leicht ins Unrecht gesetzt zu fühlen und bereits aus geringfügigem Anlass Klage zu erheben. Gefürchtet wird er daher vor allem von Behörden, die unter der Masse seiner Beschwerdebriefe über Bagatelldelikte zu ersticken drohen.

QVC, das; ein 1986 von Joseph Segel in den USA gegründetes Teleshopping-Unternehmen, das seit 1996 auch in Deutschland vertreten ist. QVC steht für: „Quälend Viel Couchen". Folgen dauerhafter Rezeption sind Trägheit, Desozialisierung und Herzverfettung.

R

Rabatte, die; das Einzäunen und Abgrenzen eines Teils der Natur zur anderen wird als unnatürlich empfunden und führt zum Vergleich mit der eigenen persönlichen Freiheit, welche, zart behütet, als stark angreifbar eingeschätzt wird.

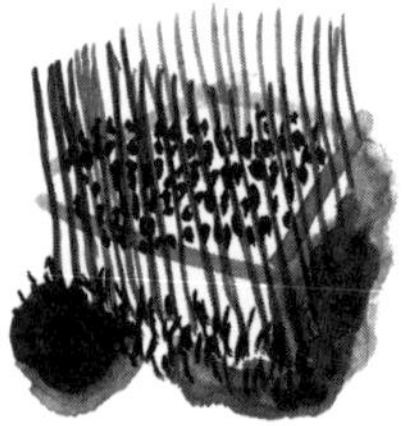

Radiophobie, die; Angst vor (radioaktiver) Verstrahlung bzw. der Freisetzung von Radioaktivität durch Atomunfälle. Radiophobische Personen meiden die Nähe zu Atomkraftwerken und lehnen diagnostische Röntgenverfahren kategorisch ab. In besonders skurrilen Fällen fallen Radiophobiker durch den Bau selbsterdachter Schutzanzüge und Abschirmapparate auf.

Rambo; Sylvester „Sly“ Gardenzio Stallone, 1946 in New York geborener christlicher Pornografiedarsteller. Seit „The Party at Kiddy and Stud's“ kämpft er als John Rambo und Rocky Balboa gegen Angst, den Terror und alles, was fremd ist. Paranoider, christlich geprägter Action Hero, der mit dem rechtskonservativen ehemaligen Präsidentschaftskandidaten John McCain sympathisiert.

Randerscheinung, die; Angst, eine Randerscheinung zu sein, bedeutet mit dem ständigen Gefühl der Leere, abgeschlagen vom Feld, ein langweiliges und trauriges Dasein zu fristen. Man erkennt den Betroffenen nur schwer, denn er ist fast immer außerhalb des Geschehens.

Rattengerippe, das.

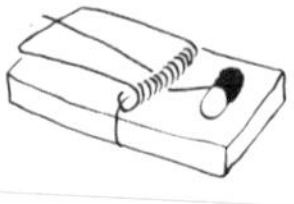

Raupe, die; häufig unterschätzt, steckt in der Raupe ein überraschendes mörderisches Potential. Im Allgemeinen führt die Raupe ein unauffälliges Leben, gut getarnt an ihre nichts ahnende Umwelt angepasst. Bis sie doch eines Tages aus dem Hinterhalt angreift, ihr Opfer erwürgt, mit ihrem Stachel vergiftet und anschließend mit Hilfe ihrer Mundwerkzeuge erlegt. Ihre Opfer sind sich in der Regel der Gefahr nicht bewusst, daher vollkommen überrascht und ergeben sich der Raupe meist widerstandslos.

Religion, die; eine extreme Hingabe des eigenen Lebens vor dem Glauben, wirkt auf Menschen mit Angst vor Religionen im Allgemeinen bedrohlich. Die Angst, von einer unbekannten Macht fremdbestimmt zu werden, die Selbstbestimmung aufgeben zu müssen, führt bei den Betroffenen zu panischen Egoismusattacken.

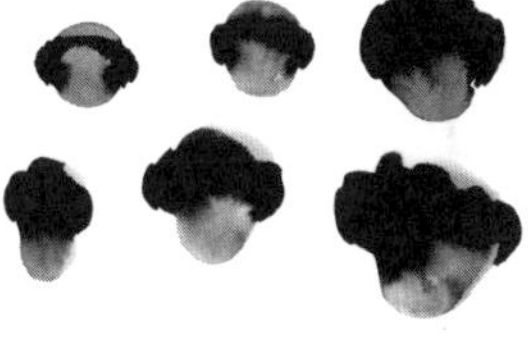

Rosenkrieg, der; im Allgemeinen sehr unangenehm, tritt häufig bei der Trennung einer Lebensabschnittspartnerschaft auf. Nicht selten geht es bei diesen Streitigkeiten um Geld, verletzten Stolz und gebrochene Herzen. Nach einem R. haben die ehemaligen Partner häufig Angst, eine neue Bindung einzugehen.

Rumpeziphobie, die; auch die Angst vor dem Rumpelstilzchen. Damit wird eine Angststörung bezeichnet, die bevorzugt bei Eltern kurz nach der Geburt ihres Säuglings auftritt. Es handelt sich hierbei um eine Art der Verlustangst, wobei beide Elternteile Furcht davor haben, ihr Kind könnte geklaut werden. In Extremfällen kann die Mutter ihr Kind in den ersten Monaten nicht unbeaufsichtigt lassen und unter Umständen keine Ruhe in der Nacht finden.

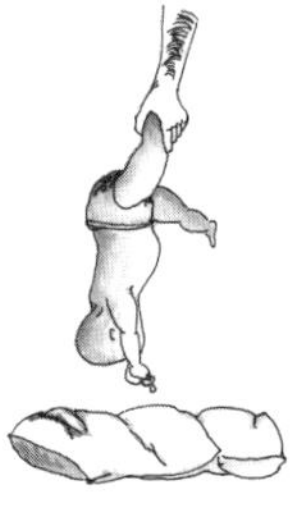

Ruß und Aschwolken isländischer Vulkane; besonders bei Flugreisenden gefürchtetes Phänomen. Dank der isländischen Vulkane kam es 2010 zu tagelangen europaweiten Flugausfällen, bis zu totalem Flugverbot. Manche genossen so ein paar Tage länger Urlaub in ihrem Reiseland, andere fürchteten, für immer am Flughafen festzusitzen oder nie wieder zurückzukehren. Anwohner an Einflugschneisen und Mutter Erde und ihre CO_2-Bilanz werden sich wohl eher erfreut haben.

S

Schachmatt, das; (pers.) „schâh mât“: geschlagen, hilflos. Ein im Schach gebräuchlicher Begriff für den das Spiel beendenden Zug, bei dem der König des Gegners geschlagen wird. Wird auch metaphorisch für den Akt des Versagens verwendet, der bei den meisten Menschen eine Urangst darstellt.

Schlaf, der; die Angst vor der Wehrlosigkeit, der man im Schlaf verfällt.

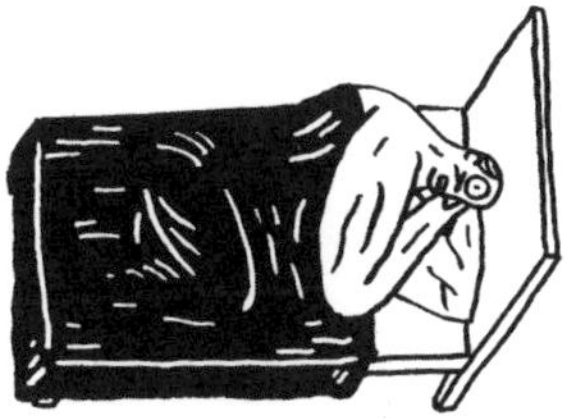

SeeHund, der; der gemeine Seehund ist in allen sieben Weltmeeren anzutreffen und wird aufgrund seiner Grausamkeit von tausenden Kindern auf der Welt gefürchtet.

Sonnenfinsternis, die; ein seltenes astronomisches Ereignis, bei dem sich durch die Stellung des Erdenmondes die Sonne kurzzeitig verdunkelt. Löst seit jeher bei Menschen die Panik aus, dass die Welt untergehen werde.

Spears, Britney, der/die/das; ugs. für Glatze, verbreitet im Allgemeinen Angst und Schrecken.

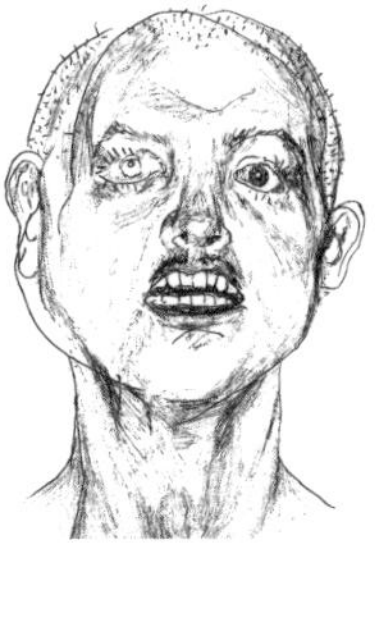

Stinkdachs, der; 1. Eine vorwiegend in Indonesien lebende Säugerart. Stress ausgesetzt, versprüht der Stinkdachs mit seinen Analdrüsen ein beißend riechendes Sekret, das Feinde abschrecken soll. Unter Einheimischen umgangssprachlich Chaneleon oder Muffelbär genannt. 2. In Oberbayern verbreiteter, abwertender Begriff für Personen mit ausgeprägtem Körpergeruch.

Strafe, die; von jeher haben die Menschen Angst vor Bestrafung für Dinge, die sie getan oder nicht getan haben.

T

Taphephobie, die; (lat.) für die „Angst, lebendig begraben zu werden". Patienten hadern, im Gegensatz zu der Angst vorm Tode, nicht mit der Tatsache, dass ein jedes Erdenleben endlich ist, sondern vielmehr mit der Vorstellung vor dem eigentlichen Zeitpunkt des Ablebens gehen zu müssen. Der eigentliche Zeitpunkt des Ablebens ist hingegen genauso ungewiss wie der uneigentliche, jedoch impliziert ein Begrabenwerden bei lebendigem Leibe, dass es vor dem Datum des eigentlichen Ablebens liegt, demzufolge also „zu früh" geschieht. Diese Vorwegnahme des Unausweichlichen wird oft als grobe Ungerechtigkeit empfunden und auch nicht selten als „gruselig" bezeichnet.

Tattoophobie, die; Angst vor dem meist als schmerzhaft empfundenden Vorgang des Einbringens von Farbe in tiefer liegende Hautschichten.

Terroranschläge, die; Angst vor Terroranschlägen ist nach neusten, vereitelten Anschlägen auf Flugzeuge weiterhin gestiegen. Der Ruf nach mehr Sicherheit wird immer lauter, mit Forderungen nach Körperscannern und mehr Härte gegen Terroristen.

Testosteron, das; Angst vor Testosteron ist die Angst vor der viralisierenden Wirkung dieses Sexualhormons bei Frauen. Ein hoher Testosteronspiegel fördert die Steigerung der Libido, das Wachstum von Muskulatur und eine gesteigerte Körperbehaarung.

Teufel, der; auch als Satan und im Volksmund als Deibel bezeichnet, gilt er als Urheber allen Übels und als Widersacher Gottes und spielt in der christlichen und islamischen Theologie eine besondere Rolle als Personifizierung des Bösen. Durch die Bibel wurden schon früh Ängste in Bezug auf den Teufel geschürt, die bis heute bestehen.

Tiefenangst, die; meistens in dunklen Gewässern ohne sichtbaren Grund ausgelöste Angst vor in der undurchsichtigen Tiefe lauernden Gefahren. Paradoxerweise kann der positiv empfundene Tiefenrausch plötzlich in Tiefenangst umschlagen und in Ernstfällen auch zur verhängnisvollen Angststarre führen.

Traualtar, der.

da stand sie nun,
sie war so schön,
ich hatte angst
zu ihr hinzugehn.

er kam herein
und war so fein,
doch machte kehrt,
auf einem bein.

da steht er so,
der fette klotz,
wir haben angst,
nicht nur aus trotz.

du ungetüm,
lass uns in ruh,
wir wollen heiraten
und zwar im nu!

traualtar oh traualtar
du bist ja gar nicht wunderbar.

Trichophobie, die; gehört zu den spezifischen Angststörungen und bezeichnet die extrem übersteigerte Furcht vor Haaren. Bei dieser Angststörung meidet der Trichophobiker den Kontakt zu Haaren (vor allem) von Fremden/anderen Menschen ... Gehört er zu jenen Phobikern, die sich auch vor den eigenen Haaren fürchten/ekeln, wird er sich jeden Tag enthaaren.

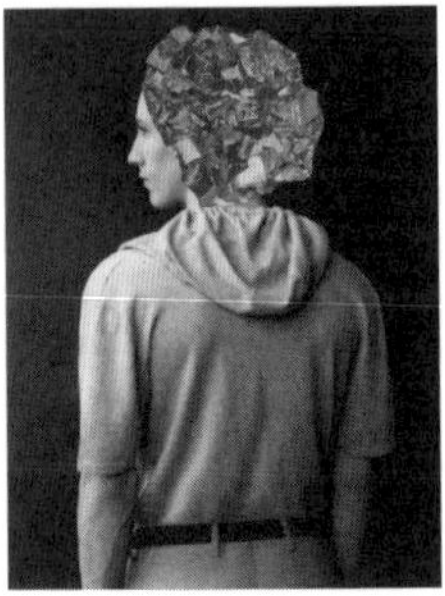

U

Unbeweglichkeit, die; kann durch übermäßige Belastung des Körpers, durch Erscheinungen wie Muskelkater, Prellungen und Brüche oder durch Bewegungsmangel, z. B. das Sitzen vorm Computer oder TV-Gerät, hervorgerufen werden. Die Unbeweglichkeit führt im Allgemeinen zu einer eingeschränkten Lebensqualität.

Unendlichkeit, die; für den menschlichen Verstand nicht fassbar, wodurch die Unendlichkeit eine mit Unsicherheit behaftete Angst auslöst.

V

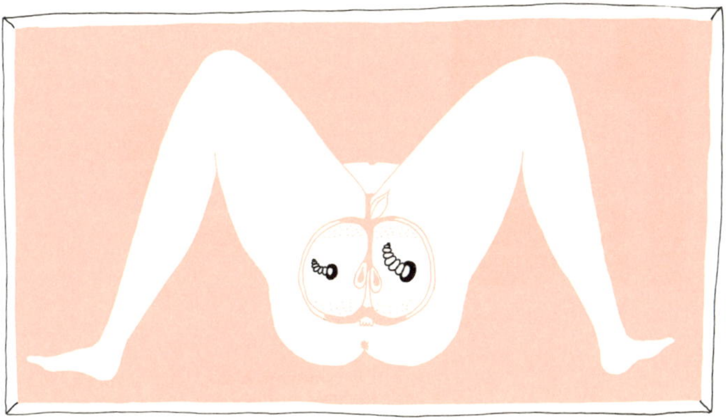

Vaginawurm, der; (lat.) Wurmales Vaginus. Ein durch Pilzinfektionen hervorgerufener Wurmbefall der Vagina. Er kommt vor allem bei mangelnder Hygiene im Genitalbereich häufig vor, ist aber mit dem Krankheitsbild entsprechenden Antibiotika zu behandeln und vergleichsweise harmlos.

Vakuumphobie, die; (lat.) Vakuum: leer; beschreibt die Angst vor luftleeren Räumen und deren Bestreben, Dinge anzusaugen. Im Gegensatz dazu steht der „horror vacui", also die Neigung, leere Räume zu füllen, welche die Vakuumphobie stets auslöst. Häufig durch schwere Traumata aufgrund von Unfällen mit Staubsaugern.

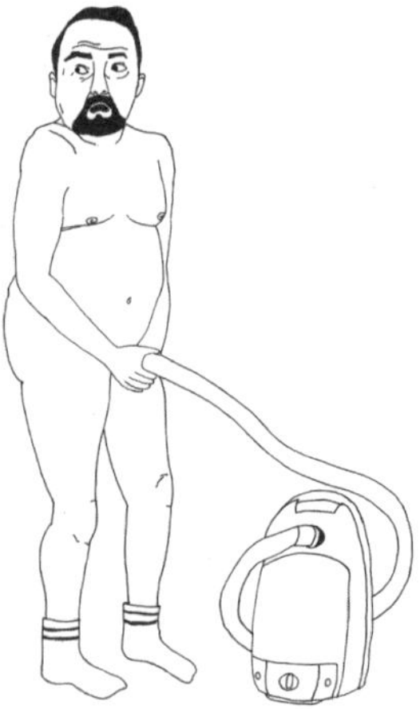

Verbaphobie, die; ist eine pathologische Angst vor Wörtern und ihrer Wirkung. Der Verbaphobiker vermeidet es anderen zuzuhören oder auch Worte zu sprechen. Häufig verbreitet ist diese Angst unter Leistungssportlern der Wintersaison, Ehemännern und pubertierenden Jugendlichen.

Versammlung, die; Anhäufung mehrerer Personen auf engstem Raum, wird von Menschen mit Angst vor Versammlungen als unangenehm bis riskant wahrgenommen. Die Konzentration von Meinungen, Bakterien oder Aggressionspotenzial in der Menschenmenge führt dazu, dass Betroffene das ländliche Leben der Stadt vorziehen.

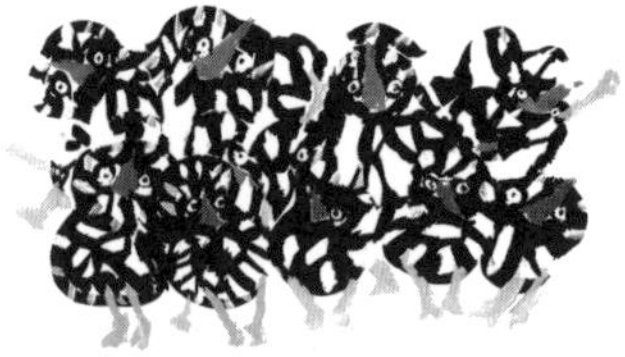

Versipelliphobie, die; Angst vor Werwölfen. Dieses Angstbild beschreibt die panische Abneigung gegenüber beleibten und/oder stark behaarten Mitteleuropäern mit dem deutschen Männervornamen „Wolf" (Kurzform für „Wolfgang", „Wolfram", „Wolfhart", etc.). Phobiker sollten abendliches S-Bahn-Fahren sowie

Besuche in Imbissbuden und sogenannten „Kneipen" (vor allem in der Kombination mit Fußball-Liveübertragungen) meiden. Therapievorschläge: Salatbuffets und warme Schaumbäder mit ätherischen Ölzusätzen.

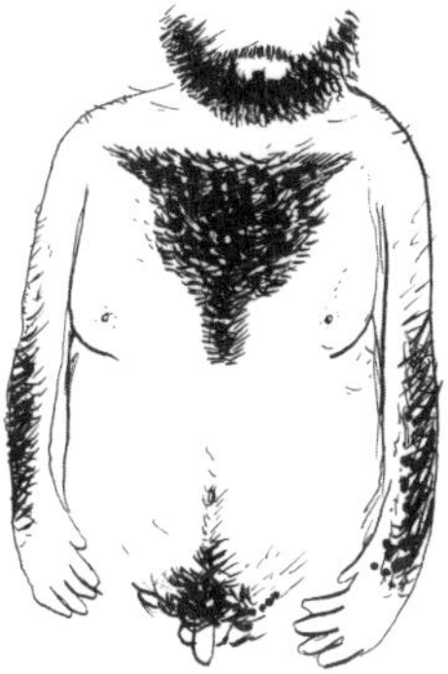

W

Wadenbeißer, der; der gemeine Wadenbeißer oder Wadenzwicker ist ein hundeartiges Tier aus der Familie der Wutsauger. Neueste Forschungen legen nahe, dass der Wadenbeißer mit diesem Verhalten sein Defizit an Zivilisiertheit und Kultur auszugleichen versucht. Hat der Wadenbeißer sich für einen Wirt entschieden, lauert er ihm auf, schmeichelt unter Umständen zunächst und schnappt dann hinterrücks zu. Da der Wadenbeißer nicht besonders gut sieht, kommt es nicht selten vor, dass er sich aus Versehen im Schuh des Opfers verbeißt und einfach abgeschüttelt werden kann. Der Biss eines Gemeinen Wadenbeißers ist ungefährlich, kann aber zu unerwünschten Abwehrreaktionen wie Wut, Entrüstung oder Aggression führen.

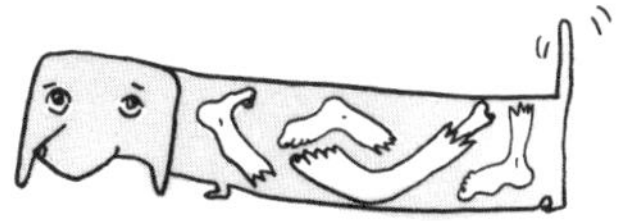

Waffe, die; ein kleiner Druck mit dem Zeigefinger entscheidet über das Leben der Anderen.

Wahrheit, die; Angst, die Realität wahrzunehmen und mit Problemen umzugehen. Symptome: optische Täuschung, Schweigen, sich vom Alltag für illusionistische Welt isolieren.

Wankelmut, der; oder auch Wankelmütigkeit, die; (lat.) animus titubo. Gegenteil von Wagemut. Der oder die Wankelmütige schwankt entscheidungsunfreudig zwischen zwei oder mehr Möglichkeiten. Auch Zwickmühlen-Dilemma genannt. Dem/der Wankelmütigen mangelt es oft an zuverlässiger Entscheidungsfähigkeit und einer gewissen Risikobereitschaft. In Liebesangelegenheiten wird dies selbstbewusst als polyamourös bezeichnet.

Westerwelle & Wild; die Angst vor dem gemeinschaftlichen Auftreten dieser beiden Charaktere. Ein kürzlich belauschtes und hier dokumentiertes Gespräch der beiden: Guido: „Hi Gina". Gina: „Let me blow your mind, Guido!". Guido: „Gina, this can't be from bad parents". Gina: „No one else talks to me like you do ... Guido!".

Wolf, der; (lat.) canis lupus. Eine alte Angst, welche die Menschen dazu drängte, im 20. Jh. Wölfe in Europa zu beseitigen. Ob Mensch vor Wolf oder Wolf vor Mensch größere Angst hat, bleibt unklar.

Wonderbra, der; (engl.) „brassiere" oder kurz „bra", ist erstmals 1994 erschienen. Das Urmodell existiert seit 1961. Er wurde von der Designerin Louise Poirier für die kanadische Wäschefirma Canadian Lady kreiert. Dem W. zugehörig sind die „Pushfears", die den Erwartungshaltungen der Männer nachgesagt werden. Außerdem wird ihm die Funktion der Mogelpackung zugeschrieben, was die Angst vor kleinen Brüsten und optischen Täuschungen schürt. Zu den Folgen gehören Einschlafprobleme, Verdauungsstörungen und die Angst vor einer nicht BH-geschützten Brust.

Wurmlochparanoia, die; (lat.) angoris foraminis vermi. Manische Vermeidungstaktik theoretischer Gebilde, die laut der Berufsparanoiker Einstein & Rosen im euklidischen Raum darauf lauern, mit pseudo-riemannscher Mannigfaltigkeit zwei Orte derselben Raumzeit oder zwei parallele Universen/Multiversen miteinander zu verbinden.

Wurstsalat, der; wird im deutschsprachigen Raum zumeist mit Essig und Öl zubereitet. In Kombination mit Mayonnaise kann er u.a. zu Fettleibigkeit und akuter Wurstsalatsucht führen. Die dadurch geschürte Angst kommt vor allem bei jungen, nicht traditionsbewussten Menschen vor. Sie äußert sich durch die Verweigerung des Verzehrs der Delikatesse.

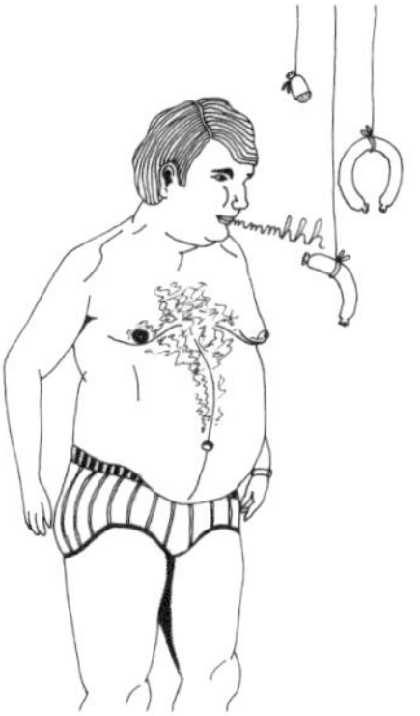

Wurzelbehandlung, die; zahnärztliche Behandlung, der Karies vorausgeht. Die Behandlung soll den Zahn erhalten, dazu werden 1–2 cm lange Feilen mittels Auf- und Abbewegungen in den Wurzelkanal eingeführt. Dabei werden noch intakte Wurzelteile völlig zerstört und der Zahn abgetötet. Nach einer solchen Behandlung existiert der Zahn nur noch als Hülle. Der Hinweis des Zahnarztes, dass es mitunter „etwas schmerzhaft werden könnte“, ist ein Euphemismus.

X

X-Chromosomphobie, die; (lat.) für die „Angst vor weiblichen Genen". Die Angst vor weiblichem Erbgut. Siehe auch Stichworte Gleichberechtigung, Emanzipation, Frauen in Führungspositionen. Personen: Alice Schwarzer; Film und Fernsehen: „Arsen und Spitzenhäubchen".

Xena; (Xenas-Corsage-Phobie) (lat.) für die „Angst vor Xenas Corsage". Xena ist die Heldin der gleichnamigen US-amerikanischen Fernsehserie, die von 1995 bis 2001 produziert wurde und im Fantasy-Genre angesiedelt ist. Die Hauptfigur ist eine Kriegerprinzessin, die nach Jahren barbarischer Raubzüge schließlich von Hercules missioniert wird und fortan an dessen Seite und inmitten vieler anderer Figuren der griechischen Mythologie für das Gute kämpft. Xenas Rüstung besteht aus einem metallenen Brustschutz, welcher durch Lederriemen, ähnlich einer Corsage, am Körper gehalten wird. Der Schnitt ist figurbetont. Form und Verzierung des Oberteils tragen maßgeblich zum Image Xenas bei, welches vor allem für unbändige weibliche Kampfeslust und emanzipierte Amazonen steht.

Xylographie-Phobie, die; (lat.) für die „Angst vor Holzschnittkunst". Die Holzschnittkunst ist eines der ältesten Hochdruckverfahren, bei dem aus einem ebenmäßigen Holzblock nichtdruckende Stellen herausgeschnitten werden und somit erhabene, druckende Stellen übrig bleiben. Diese werden durch eine Walze mit Druckerfarbe eingefärbt und das Motiv schließlich mit einer Handpresse oder durch Abrieb auf ein offenes, saugfähiges Papier gedruckt. Xylographie-Phobiker leiden an der Vorstellung, beim Vorbereiten des Druckstocks mit dem Holzschnittmesser, welches in vielen Formen und Größen erhältlich ist, abzurutschen und sich zu verletzen.

Xylophobie, die; (griech.) xylo-, xyl-: Holz; Bezeichnet die Furcht vor Holz und hölzernen Gegenständen. Vermehrtes Auftreten in unmittelbarer Nähe zu Bäumen und Sträuchern, kann jedoch auch in Einrichtungshäusern auftreten.

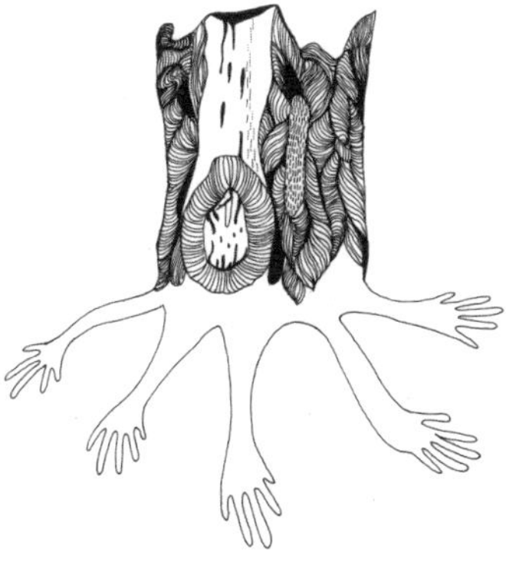

Xylophonkonzert, das; einmal im Jahr treffen sich total Bekloppte zu einem Xylophon-Konzert. Viele Menschen haben Angst davor.

Xyrophobie, die; (griech.) xyro: Klinge; Bezeichnet die Angst vor Klingen und anderen Rasierapparaturen. Kann zu extremer Körperbehaarung und bei hohen Temperaturen zur vermehrten Schweiß- bzw. Körpergeruchsbildung führen.

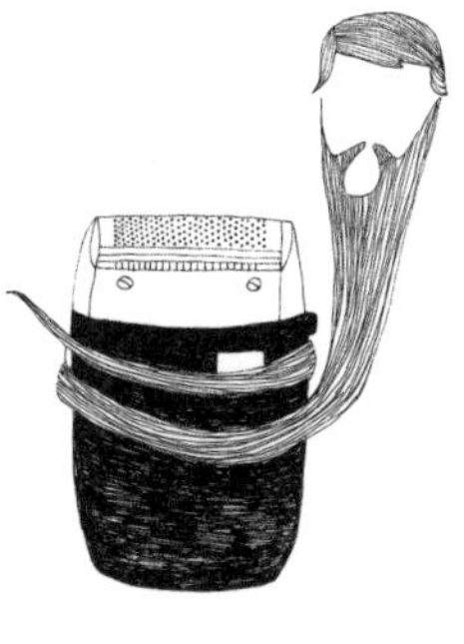

Y

Yeti, der; sagenumwobener Schneemensch im Himalaya. Besondere Merkmale: erschreckt gerne harmlose Bergsteiger mit dem Hinterlassen von riesigen Fußabdrücken.

Yetidokumentation, die; der Yeti ist ein zwei bis drei Meter hohes, über 200 Kilogramm schweres Wesen des Himalaya. Bekannt wurde Yeti nur durch das Verbreiten von Fotos seiner Spuren im Schnee. Ein Ganzkörperfoto von Yeti existiert nicht. Eine Yetidokumentation sollte deswegen nur in Begleitung angeschaut werden, da in einigen bekannten Fällen Zuschauer beschwören, den Yeti neben sich auf dem Sofa sitzen zu sehen.

Yogaphobie, die; eine durch den sogenannten Yogapilz hervorgerufene Abneigung gegen Yogamatten. Durch seine bekannte Noppenstruktur bietet er der Matte und ihrem Benutzer unabhängig vom Untergrund festen Stand. Das Noppenwachstum wird durch Schweißausstoß oder häufiges Mattentauschen innerhalb der Yogagruppe beschleunigt.

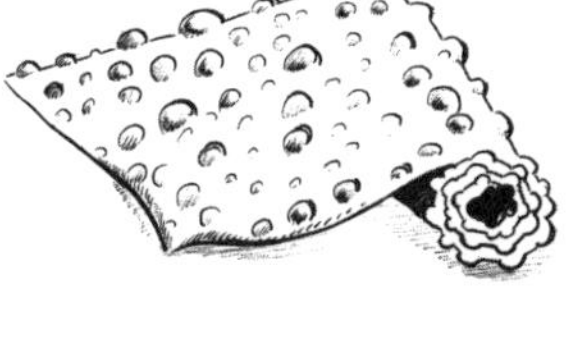

Z

Zange, die; Werkzeug zum ruckartigen Entnehmen von feststeckenden Nägeln, Zapfen oder Zähnen. Die Angst vor der Zange ist nicht selten mit dem Zahnarztbesuch und dem Wissen um den bevorstehenden Schmerz verbunden. Tatsächlich befähigt die Zahnzange mit ihren scharfkantigen Backen den Zahnarzt zum Verursachen von Mark und Bein durchdringenden Schmerzen, die dem Patienten auch nach der Behandlung noch lange im Gedächtnis bleiben.

Zebra, das; in schwarz-weiß gestreifter Tarnung in Afrika lebendes Tier. Tritt es im Rudel auf, wird eine Landschaft zum Streifenmuster und das einzelne Tier ist nicht mehr erkennbar. Im Wald kann es auch alleine für Verwirrung sorgen.

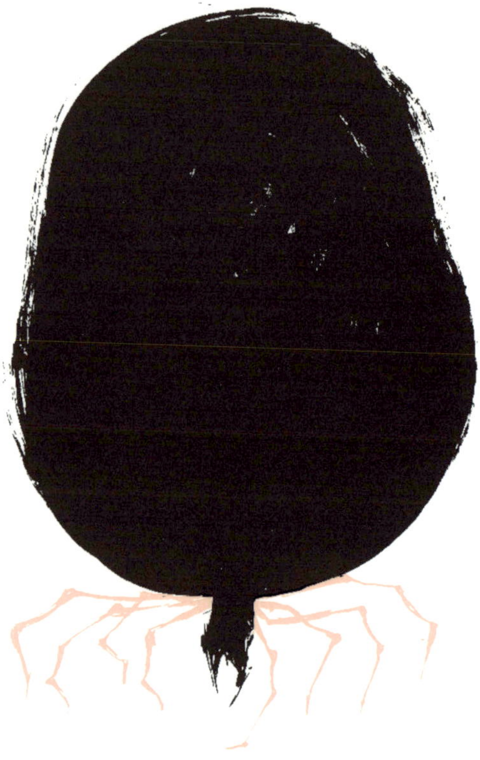

Zecke, die; auf der Suche nach einer geeigneten Bissstelle krabbelt die hungrige Zecke bis zu mehrere Stunden unbemerkt am menschlichen Körper umher. Geduldig sucht sie nach warmen und feuchten Körperstellen, an denen die Haut möglichst dünn ist. Für den gefürchteten Biss bevorzugt die Zecke daher nicht selten die Kniekehle und auch die Leistenbeuge

Zeckenzange, die; Werkzeug zum fachgerechten Entfernen von Zecken, die sich bereits in der Haut eines Menschen festgebissen haben. Mit dem präzisen Zangenkopf greift man die Zecke zwischen Kopf und Körper und zieht sie nach leichtem Drehen nach links und rechts gerade aus der Bissstelle heraus. Mensch und die zu entfernende Zecke fürchten dabei gleichermaßen das versehentliche Abtrennen des Kopfs vom Körper der Zecke.

Zorro; Nachtmensch. Tagsüber ist er als Don Diego de la Vega unscheinbar. Die Doppelexistenz hat sich Johnston McCulley 1919 in seinem Roman „The Curse of Capistrano" ausgedacht. Vorbilder für Zorro gibt es jedoch schon bei mexikanischen Volkshelden. Es gibt aber auch einen bekannten Nachfahren: Batman. Beiden Figuren ist zu eigen, dass sie durch ein Zeichen auf sich aufmerksam machen. Zorro hinterlässt mit einem Peitschenhieb ein Z.

Zufall, der; eine Ausgangssituation, die mehrere mögliche Endsituationen nach sich ziehen könnte, endet in einer von vielen möglichen Endsituationen. Für diese Wahl gibt es keine erkennbare Ursache, keine Abfolge, keine Erklärung. Der Mensch braucht aber für alles eine Erklärung, deshalb werden Dinge, die nicht kausal erklärbar sind, gern mit dem Zufall erklärt. Das Licht der Sonne trifft um 5:45 des 5.4.1545 auf den letzten Greifvogel in der römischen Vorstadt. Völlig irritiert rast dieser in Costanzo Fiesta, der daraufhin stirbt.

Zwitscherschrecke, die; (lat.) Telligonia cantans, weiblicher Laubschreck. Wird größer als ihre männlichen Artgenossen und verfügt über einen imposanten Legebohrer zwecks Eierablage in lockerem Erdboden. Als karnivores Lebewesen besitzt die Zwitscherschrecke ausgeprägte Mundwerkzeuge, mit denen sie problemlos auch größere Brocken packen kann. Mit ihrem betörenden Zirpen lockt sie gleichzeitig Sexualpartner und Freibeuter an.

Impressum

©2012
Verlag Hermann Schmidt Mainz
Universität der Künste Berlin
2. Auflage

Herausgeber:
Prof. Fons Hickmann
Prof. Henning Wagenbreth
Prof. Georg Barber

Illustrationen und Lexikonartikel:
Rebecca Bach, Adrian Bauer, Elisa Beldowski, Janett Bielau, Teresa Besser, Ines Brands, Jolanda Buck, Benjamin Courtault, Marc Damm, Franka Eckart, Daniela Fetz, Matti Gajek, Monja Gentschow, Fine Heininger, Marc Hennes, Jeong Hwa Min, Tobias Jacob, Inga Langkay, Stefanie Leinhos, Cathrine Mason, Mona Peters, Alexander Schmidt, Carla Streckwall, Susanne Vetter, Christoph Vieweg, Janine Voegele, Paul Waak, Martin Wecke, Julia Weller, Jie Wu, Ulrike Zöllner

Redaktionelle Bearbeitung:
Martin Conrads

Gestaltung:
Carla Streckwall, Ulrike Zöllner

Umschlaggestaltung:
Marc Damm

Gestalterische Unterstützung:
Marc Damm, Marc Hennes,
Markus Mrugalla

Betreuung:
Prof. Fons Hickmann
Martin Conrads
Franziska Morlok
www.klassehickmann.com

Schriften:
Chaparral Pro, Futura condensed Medium

Papier:
120 g/m² Alster Werkdruck
bläulichweiß 1,5-fach

Gesamtherstellung:
Kösel GmbH, Altusried-Krugzell

Verlag Hermann Schmidt Mainz
Robert-Koch-Straße 8
55129 Mainz
info@typografie.de
www.typografie.de

ISBN: 978-3-87439-842-8
Printed in Germany.